VOIE PROFESSIONNELLE

CARNET DE PRATIQUE DU FRANÇAIS

Nous remercions chaleureusement
nos auteures

Sophie Blanco Vicente

Professeure de lettres-histoire en lycée professionnel
Formatrice académique en lettres-histoire

Charlotte Leroy-Jouenne

Professeure certiée de lettres classiques en collège et lycée
Formée à la pédagogie Montessori

hachette
TECHNIQUE

AVEC VOTRE MANUEL

Si les élèves sont équipés **du manuel papier****

Flashez les ressources dans les pages ou retrouvez-les en saisissant le mini-lien sur **lycee.hachette-education.com**

LES RESSOURCES

- Liens vers des vidéos
- Liens vers des sites
- Les enregistrements audios des textes

Si les élèves sont équipés **du manuel numérique***

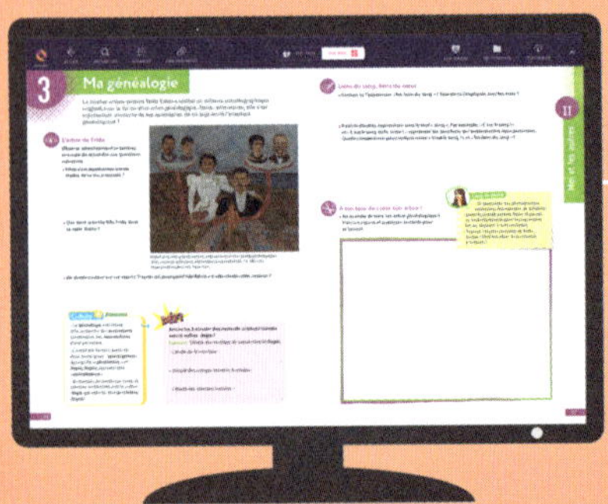

Votre manuel numérique premium à découvrir sur **jeteste.fr/3381499**

ACCÈS ET FONCTIONNALITÉS

- Création et assignation de devoir
- Annotations dans le manuel
- Vidéo projection
- Zones de saisie pour les élèves
- Utilisation possible sans connexion Internet
- Téléchargement sur clé USB
- Accès via ENT et GAR
- Compatible ordinateurs, tablettes et smartphones

LES RESSOURCES

- Les liens vers des vidéos
- Les liens vers des sites
- Enregistrements audios des textes
- Flashcards
- Exercices interactifs
- Quiz interactifs

Ressources **enseignant**

Des ressources exclusives à télécharger sur **hachette-education.com**

LES RESSOURCES

- Livre du professeur
- Le sommaire par objectifs pédagogiques (chaque atelier est décrit selon ses enjeux, finalités, supports, compétences, activités et points de maîtrise de la langue)

*** Le manuel numérique est toujours offert à l'enseignant !**

* Offre Réforme Lycée : si les élèves sont équipés du manuel papier, les licences numériques élèves sont OFFERTES 3 ans. Offre valable jusqu'au 31/12/2021 si vous équipez 100 % de la classe en manuels papier. Pour obtenir cette offre gratuite, la demande est à faire par votre gestionnaire sur le site du KNE kiosque-edu.fr.

ZOOM SUR…

Pour varier les accès et travailler l'oral

Les enregistrements audio des textes

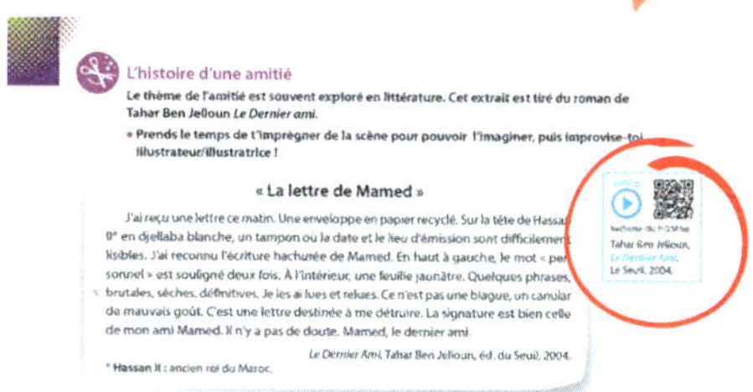

- Les textes sont enregistrés par des comédiens professionnels. Cela permet d'accéder aux lectures proposées.

Pour une manipulation ludique

Des modalités de travail très variées

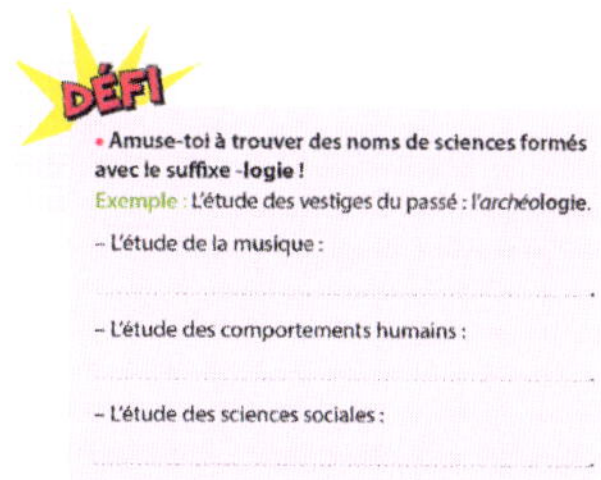

- Retrouvez tout au long du carnet, des tests, des défis, des enquêtes littéraires, des coups de pouce, des boîtes à outils et plus encore pour mettre en activité les élèves.

Pour s'autoévaluer

Des quiz interactifs et des flashcards

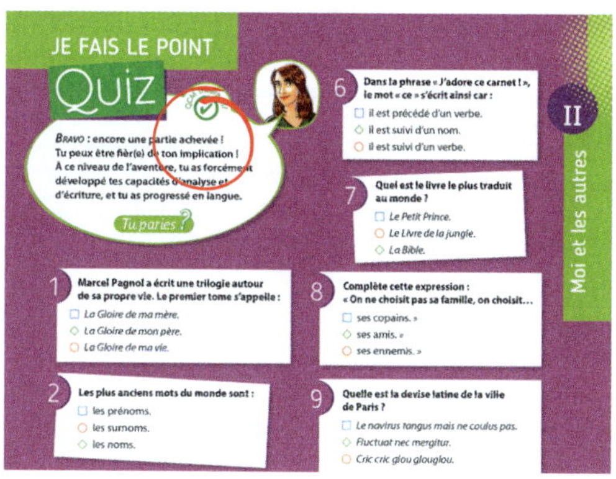

- Pour s'autoévaluer, des flashcards et des quiz à réaliser en autonomie ou en classe.

Pour maîtriser les fondamentaux

Des exercices interactifs

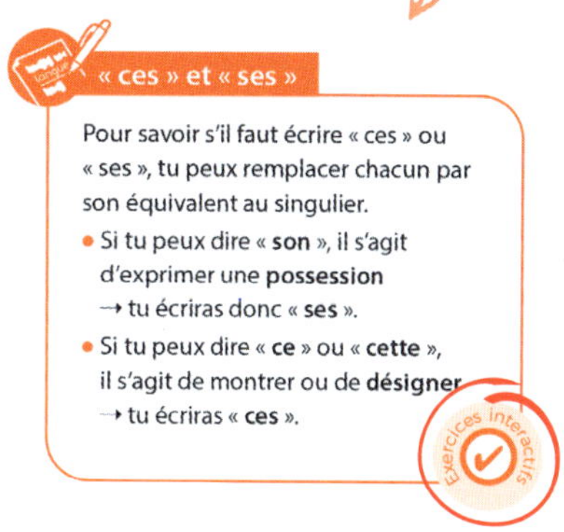

- Des exercices numériques supplémentaires autocorrigés pour travailler points fondamentaux de langue à maîtriser.

Édition : Safia Aït Si Ahmed
Maquette de couverture : Anne-Danielle Naname
Illustration de couverture : Anne-Danielle Naname
Illustrations : Léna Gibert
Maquette intérieure : Anne-Danielle Naname, Adeline Calame
Mise en pages : Anne-Danielle Naname, Adeline Calame
Fabrication : Yoann Le Berre

www.hachette-education.com

58, rue Jean Bleuzen – 92178 Vanves Cedex
ISBN : 978-2-01-712744-4

PAPIER À BASE DE FIBRES CERTIFIÉES

hachette s'engage pour l'environnement en réduisant l'empreinte carbone de ses livres. Celle de cet exemplaire est de :
0,650 kg éq. CO_2
Rendez-vous sur www.hachette-durable.fr

À toi qui tiens ce carnet entre tes mains,
Bonjour,

Cela te semble peut-être un peu étrange que nous, les auteures, nous adressions directement à toi à travers ces lignes… Mais, après tout, pourquoi pas ? Car même si nous ne te connaissons pas, nous avons pensé au lycéen/à la lycéenne que tu es à chaque étape de la création de cet ouvrage.

C'est pour toi que nous avons souhaité créer ce carnet, qui ne ressemble à aucun autre ouvrage : ce n'est ni un manuel scolaire, ni un cahier d'exercices, c'est ***ton*** carnet !

Nous l'avons voulu agréable à lire et à remplir, simple à utiliser et efficace pour **t'accompagner dans ta progression**. Nous espérons avant tout que tu prendras plaisir à le parcourir, à découvrir son contenu et à t'arrêter sur les activités qui font sens pour toi.

Rien ne t'oblige à réaliser les activités dans l'ordre : c'est toi qui choisis ! Cependant, sache que nous avons eu à cœur de te proposer un parcours progressif.

Au fil de ton carnet, tu vas aussi pouvoir **réfléchir à la personne que tu es**, à la façon dont ton identité se construit, à ton rapport aux autres et aux apprentissages, avant de mener **une réflexion sur ton futur**… Beau programme !

Ce carnet va t'accompagner pendant une ou plusieurs années : tu y trouveras **de nombreuses activités basées sur des textes et des illustrations variés**, qui te permettront de t'exprimer. Nous espérons que l'inspiration sera au rendez-vous. Ton enseignant(e) pourra te donner de précieux conseils pour explorer au maximum le contenu de ton carnet.

Nous espérons que tu auras envie d'explorer ce carnet sans a priori, à la découverte d'une autre façon de faire du français.

C'est parti !

Avec toute notre confiance en toi,

Charlotte & Sophie

SOMMAIRE

Partie I — Moi

Partie II — Moi et les autres

Partie III — Moi et l'école

Partie IV — Moi et le monde

Mes fiches méthodes

LES DOCUMENTS

Des ressources numériques en accès libre pour tous !

Flashe le QR-code avec ton smartphone
ou
Saisis le mini-lien dans ton navigateur
hachette-clic.fr/21frbp

Audio
hachette-clic.fr/21frbp001

LES POINTS DE LANGUE

LES PICTOGRAMMES DE MON CARNET

Enquête
Utilise les indices d'un texte pour accéder à son sens.

Émotions
Exprime ce que tu ressens.

Argumentation
Apprends à défendre tes opinions.

Atelier d'écriture
Rédige un texte à partir d'une consigne d'écriture.

Atelier créatif
Laisse parler ton imagination !

Analyse de l'image
Décode les intentions d'un(e) artiste.

Test
Coche la ou les propositions qui te correspondent le plus.

Quiz
Coche la bonne réponse.

Point de langue
Des notions essentielles à t'approprier en grammaire, en conjugaison, etc.

Des astuces et des mémos pour t'aider à éviter les erreurs !

Coup de pouce
Des conseils et des méthodes pour te guider.

Test 1 Connais-toi toi-même*

* Du grec ancien Γνῶθι σεαυτόν, « Gnothi seauton », conseil gravé à l'entrée du temple de Delphes, en Grèce.

1 Commençons par ta stature
→ du latin *statura* : « taille », « hauteur ».

Tu es plutôt :
- ○ de petite taille.
- ○ de taille moyenne.
- ○ de grande taille.

Le Caravage, *Narcisse*, vers 1597-1599, huile sur toile (115,5 x 97,5 cm), palais Barberine, Rome.

2 La partie de ton visage que tu préfères, c'est :
- ○ ton regard.
  « Tes yeux sont si profonds qu'en me penchant pour boire / J'ai vu tous les soleils y venir s'y mirer. » (Louis Aragon)
- ○ ta bouche.
  « [S]emant partout, / Comme une mousse de champagne, / Ton rire fou » (Arthur Rimbaud)
- ○ ta chevelure.
  « [D]ans la nuit de ta chevelure, je vois resplendir l'infini de l'azur tropical » (Charles Baudelaire)

3 Si ton budget te le permettait, ton rendez-vous chez le coiffeur serait :
- ○ quotidien
  → du latin *quotidie* : « chaque jour ».
- ○ hebdomadaire
  → du grec *hepta* : « sept », comme les 7 jours de la semaine.
- ○ mensuel
  → du latin *mensualis* : « qui a lieu chaque mois ».
- ○ annuel
  → du latin *annualis* : « qui a lieu chaque année ».

4 Face au miroir…
- ○ Tel **Narcisse**, tu ne peux pas t'empêcher de t'admirer !
- ○ Tu jettes des coups d'œil discrets.
- ○ Tu évites ton reflet : pour toi, un miroir, c'est **Méduse** en personne, capable de te transformer en statue de pierre…

Culture + MYTHOLOGIE

Connais-tu le **mythe de Narcisse** ? Et celui de **Méduse** ? N'hésite pas à jeter un coup d'œil sur Internet !

5 Quelle citation exprime le mieux ton rapport à l'apparence ?
- ○ « Un esprit sain dans un corps sain. » (Juvénal, poète latin)
- ○ « L'habit ne fait pas le moine. » (François Rabelais, écrivain français)
- ○ « Le vêtement révèle souvent l'homme. » (William Shakespeare, dramaturge anglais)

Le Caravage, *Tête de Méduse*, vers 1598-1599, huile sur panneau (60 x 55 cm), galerie des Offices, Florence.

6 Quand tu regardes des photos de toi plus jeune, tu ressens :

- ❍ de la nostalgie : c'était le bon vieux temps !
- ❍ de la surprise : c'est vraiment toi, ce bébé ?
- ❍ de la fierté : que tu as grandi !
- ❍ de la honte : quelle horreur !

7 Parmi ces proverbes, lequel exprime le mieux ton rapport au temps ?

- ❍ Le monde appartient à ceux qui se lèvent tôt !
- ❍ Rien ne sert de courir, il faut partir à point !
- ❍ Avant l'heure, c'est pas l'heure ; après l'heure, c'est plus l'heure !
- ❍ Mieux vaut tard que jamais !

8 Face à une situation inattendue, tu es plutôt :

- ❍ serein(e) : tu ne t'inquiètes pas outre mesure.
- ❍ impassible : tu ne montres pas tes émotions.
- ❍ tétanisé(e) : tu ne parviens plus à réfléchir.

9 Parmi ces qualités, laquelle te correspond le mieux ?

- ❍ L'optimisme : tu vois toujours le bon côté des choses.
- ❍ La persévérance : tu ne lâches rien !
- ❍ L'audace : tu sais surpasser tes peurs !
- ❍ L'adaptabilité : tu sais rebondir peu importe les situations !

10 Pour toi, avoir confiance en soi rime avec :

- ❍ positivité : être toujours sûr(e) de réussir.
- ❍ témérité : n'avoir peur de rien.
- ❍ assurance : oser s'affirmer face aux autres.
- ❍ pugnacité : savoir se défendre.

DÉFI

- **Trouve cinq mots pour te définir. N'hésite pas à utiliser le vocabulaire présent dans ce quiz !**

....

....

....

....

....

1 Mon autoportrait physique

Le mot « **autoportrait** » vient du monde de l'art : il désigne le portrait qu'un artiste fait de lui-même, en dessinant, peignant, sculptant… Par extension, ce mot désigne toutes les façons de se décrire soi-même, y compris avec des mots et non des pinceaux ! Et si tu tentais l'expérience ?

Les autoportraits des auteures

Les auteures de ton carnet ont décrit leurs visages en quelques mots.

- **Découvre leurs miniportraits !**

À ton tour de te décrire !

- **Essaie de définir les principaux traits de ton visage.**

– Visage ……………………………………………

– Cheveux ……………………………………………

– Yeux ……………………………………………

– Nez ……………………………………………

– Bouche ……………………………………………

- **Souhaites-tu ajouter d'autres caractéristiques physiques ?**

– ……………………………………………

– ……………………………………………

– ……………………………………………

Les adjectifs qualificatifs

- Les **adjectifs** sont des mots qui apportent un indice sur le nom qu'ils accompagnent : ils donnent des **précisions sur le nom**.
- Ils s'accordent **en genre** (masculin/féminin) et **en nombre** (singulier/pluriel) **avec le nom** qu'ils déterminent !

Par exemple :

Nom masculin pluriel → Nom féminin singulier

*J'ai **des petits yeux** et **une petite bouche**.*

Adjectif accordé au masculin pluriel — Adjectif accordé au féminin singulier

Exercices interactifs

Culture + ÉTYMOLOGIE

Le **préfixe « auto »** vient du pronom personnel grec αὐτὸς (*autos*), qui signifie « de soi-même » ou « par soi-même ».

Essaie de retrouver les définitions de quelques mots composés à partir de ce préfixe.

Automobile •	• Faculté d'agir par soi-même.
Autocensure •	• Capacité à rire de soi-même.
Autonomie •	• Limite que l'on s'impose à soi-même.
Autodérision •	• Véhicule ayant son propre dispositif de propulsion.

Les apparences… quelle importance ?

- **Penses-tu que l'apparence extérieure (le physique, le style vestimentaire, etc.) est importante ?** ☐ oui ☐ non

Pourquoi ? ……………………………………………………

……………………………………………………

……………………………………………………

……………………………………………………

Coup de foudre !

Le premier regard est parfois déterminant ! Écoute un extrait du roman *Nos étoiles contraires*, dans lequel deux personnages se rencontrent pour la première fois.

- **Quels sentiments et émotions as-tu ressentis en l'écoutant ?**

☐ Le plaisir ☐ L'amusement ☐ La tristesse
☐ La joie ☐ L'ennui ☐ La surprise

☐ Autres : ……………………………………………………

……………………………………………………

……………………………………………………

- **Quels éléments ont déclenché, chez toi, ces sentiments et émotions ?**

☐ Les personnages ☐ Les détails
☐ L'histoire ☐ L'écriture

☐ Autres : ……………………………………………………

……………………………………………………

……………………………………………………

Audio
hachette-clic.fr/21frbp001

John Green, *Nos étoiles contraires*, éditions Nathan Jeunesse, 2012.

- **Essaie d'aller plus loin dans ton ressenti. Tu peux réécouter l'extrait si besoin.**

J'ai aimé…

– ……………………
– ……………………
– ……………………
– ……………………
– ……………………

Je n'ai pas aimé…

– ……………………
– ……………………
– ……………………
– ……………………
– ……………………

J'ai compris que…

– ……………………
– ……………………
– ……………………
– ……………………
– ……………………

Je n'ai pas compris pourquoi / quand…

– ……………………
– ……………………
– ……………………
– ……………………
– ……………………

Mène l'enquête… littéraire !

Voici l'extrait du roman que tu as écouté lors de l'activité précédente.

- **Tes objectifs : repérer les personnages, deviner les lieux, l'époque et découvrir l'intrigue grâce aux indices laissés par l'auteur dans le texte !**

C'est à toi !

« Coup de foudre »

« J'étais certaine de ne l'avoir jamais vu auparavant. Grand, musclé, tout en longueur, il semblait immense comparé à la petite chaise d'écolier sur laquelle il était assis. Les cheveux acajou, raides et courts. Il devait avoir mon âge, un an de plus peut-être, il se tenait mal, au bord de sa chaise, une main à moitié enfoncée dans la poche de son jean.

J'ai détourné les yeux, soudain consciente de ne pas être à la hauteur. Je portais un vieux jean autrefois moulant mais qui flottait maintenant à des endroits bizarres, plus un T-shirt jaune, le T-shirt d'un groupe que je n'écoutais même plus. Sans parler de mes cheveux. Ils avaient beau être courts, un coup de peigne ne leur aurait pas fait de mal. Et pour couronner le tout, j'avais des joues de hamster, un effet secondaire du traitement. J'avais un corps plutôt bien proportionné, mais un ballon en guise de tête. Et je vous épargne mes chevilles d'éléphant. Je lui ai néanmoins jeté un coup d'œil. Il me regardait toujours.

J'ai compris alors ce que veulent dire les gens quand ils parlent de courant qui passe par le regard.

J'ai rejoint le cercle et je me suis assise […]. Je lui ai jeté un nouveau coup d'œil. Il me regardait toujours.

Je dois préciser quelque chose : il était canon. »

John Green, *Nos étoiles contraires*, éditions Nathan Jeunesse, 2012.

Le lieu — Où ?
As-tu une idée ?
……………………………………………
……………………………………………

L'époque — Quand ?
As-tu une idée ?
……………………………………………
……………………………………………

Les personnages — Qui ?
Qui parle ?
……………………………………………
De qui ?
……………………………………………

L'intrigue — Quoi ?
D'après toi, que va-t-il se passer ?
……………………………………………
……………………………………………
……………………………………………
……………………………………………
……………………………………………
……………………………………………

Voyage dans le temps…

Tu es grand-père ou grand-mère.
Un de tes petits-enfants voudrait faire un portrait dessiné de toi plus jeune.

- **Essaie de te décrire précisément pour que le dessin soit le plus ressemblant possible !**

Coup de pouce

Pour **faire une description**, nous te conseillons de structurer les éléments (de suivre un ordre).
Par exemple, si tu veux décrire physiquement une personne, tu peux partir du haut de son corps (tête, cheveux…) et descendre progressivement (pieds)… ou l'inverse ! Ainsi, ta description sera précise et complète.

Quand j'avais ton âge, ……………………………………………………………………

*Merci d'avoir joué le « **je** » !*

L'imparfait de l'indicatif

- L'imparfait est un **temps simple du passé.** Il exprime l'idée qu'une action a eu lieu ou s'est répétée pendant une certaine période dans le passé. Il est donc souvent utilisé dans les textes pour faire des **descriptions** ou évoquer des **habitudes**.
- Pour le former, on associe le **radical de la 1re personne du pluriel** au présent et les **terminaisons** propres à l'imparfait.

Exemple :
je port**ais**
tu port**ais**
il/elle/on port**ait**
nous port**ions**
vous port**iez**
ils/elles port**aient**

Exercices interactifs

DÉFI

- **Entoure tous les verbes conjugués à l'imparfait dans cette double page.**

2 Au-delà de mes apparences

Bravo : tu viens de réaliser ton autoportrait physique ! Mais cela ne reflète que la partie extérieure de ton être : ton identité est bien plus complexe que cela… Quels sont tes goûts, tes passions, tes habitudes ?

À la découverte…

… d'une œuvre

Voici une œuvre de l'artiste Arman.

- **Prends le temps de la découvrir, avant de regarder son titre… Étonnant, non ?**

Arman, *Autoportrait-robot*, 1992, collection particulière.

Qui se cache derrière cet autoportrait ?

- **Pour essayer de deviner la personnalité de l'artiste qui a réalisé cet autoportrait atypique, voici un conseil : commence par réaliser un inventaire (faire une liste) des objets que tu distingues dans l'œuvre.**

– une raquette de ping-pong
– ....
– ....
– ....
– ....
– ....
– ....
– ....
– ....
– ....
– ....
– ....

Mène l'enquête… artistique !

- **Que t'apprennent ces objets sur les goûts de l'artiste, ses activités favorites, ses habitudes ?**

....

Coup de pouce

- Avant de rédiger ton texte, tu peux reprendre la liste des objets que tu as relevés dans l'œuvre.
- N'hésite pas à faire des recherches sur les livres qui sont représentés : ce sont des indices précieux !
- N'oublie pas d'observer les couleurs !

À la découverte…

… du questionnaire de Proust

Et toi, si tu devais réaliser ton autoportrait à la façon d'Arman, quels objets de ton quotidien choisirais-tu ?

- **Pour commencer, tu peux te poser certaines questions. Voici une version inspirée du fameux questionnaire de Proust.**

C'est à toi !

1 Si j'étais une couleur, je serais ……………………

2 Si j'étais un animal, je serais ……………………

3 Si j'étais un objet, je serais ……………………

4 Si j'étais un vêtement, je serais ……………………

5 Si j'étais un plat, je serais ……………………

6 Si j'étais un dessert, je serais ……………………

7 Si j'étais une boisson, je serais ……………………

8 Si j'étais un véhicule, je serais ……………………

9 Si j'étais une saison, je serais ……………………

10 Si j'étais un film, je serais ……………………

11 Si j'étais une série, je serais ……………………

12 Si j'étais un personnage de jeu vidéo, je serais ……………………

13 Si j'étais un réseau social, je serais ……………………

14 Si j'étais une célébrité, je serais ……………………

15 Si j'étais une chanson, je serais ……………………

16 Si j'étais un loisir, je serais ……………………

17 Si j'étais un sport, je serais ……………………

18 Si j'étais un pays, je serais ……………………

Culture + LITTÉRATURE

Quand il était adolescent, l'écrivain français Marcel Proust a découvert un jeu anglais, nommé *Confessions*. Dans ce jeu, on se décrit par ses goûts. Il a tellement aimé le concept qu'il s'en est inspiré pour créer son propre questionnaire : le fameux **questionnaire de Proust**.

Ton autoportrait en images

Prêt(e) à réaliser ton autoportrait à la manière d'Arman ?

- **Tu peux t'appuyer sur tes réponses au questionnaire (→ p. 16) ou t'inspirer de l'œuvre de l'artiste (→ p. 14). Et surtout, laisse libre cours à ton imagination !**

Tu peux :
→ dessiner ou peindre ;
→ utiliser des images découpées dans des magazines ou des étiquettes de produits que tu consommes...

Des objets qui nous ressemblent ?

- **D'après toi, peut-on définir une personne par les objets qu'elle possède ?** ☐ **oui** ☐ **non**

Pourquoi ? ....

....

....

....

....

Culture + *EN CHANSON*

Pour aller plus loin, tu peux écouter la chanson de Jean-Jacques Goldman ***Les Choses*** qui dénonce la place qu'occupent les biens matériels dans notre société.

« Si j'avais, si j'avais ça
Je serais ceci, je serais cela
Sans chose je n'existe pas... »

3 Mes goûts musicaux

« *De gustibus et coloribus non disputandum* », affirmait-on en latin au Moyen Âge ! En français, cela se traduit par : « Les goûts et les couleurs, ça ne se discute pas ». Tu as peut-être déjà entendu cette expression. Elle signifie que chacun est libre d'avoir ses propres goûts et qu'il ne faut pas chercher à imposer les siens. En revanche, on peut toujours en discuter…

En musique, tu es plutôt…

Variété, jazz, classique, rap, rock… ?

- **Quels sont les styles de musiques que tu préfères ? As-tu un artiste ou un groupe favori ?**

....

....

....

....

....

....

....

....

....

....

....

....

Coup de pouce

Voici quelques adjectifs que tu peux utiliser pour expliquer tes goûts :
triste • heureux/heureuse • positif/positive • nostalgique • apaisé(e) • détendu(e) • dynamique • euphorique

Une affaire de goûts

- **Pourquoi aimes-tu écouter tel chanteur, danser sur telle musique, voir tel groupe sur scène, etc. ? Quels sentiments, quelles émotions cela te procure-t-il ?**

J'aime ....

car ....

....

....

Quand j'écoute cette musique, je me sens ....

car ....

....

....

Le *pianocktail* de Boris Vian

L'écrivain Boris Vian était un passionné de jazz. Dans son roman *L'Écume des jours*, il décrit un drôle d'instrument, tout droit sorti de son imagination : le pianocktail !

- **Le mot *pianocktail* est un mélange de deux noms :**

l'un appartient au domaine de la musique : .... ; l'autre au domaine de la boisson : ....

- **Écoute cet extrait du livre.**
Comment visualises-tu le pianocktail ? Et si tu essayais de dessiner cet instrument insolite, à ta façon ?

Culture + LITTÉRATURE

On peut aimer jouer des notes et des mots ! **Boris Vian** n'était pas seulement un grand écrivain, il était aussi musicien de jazz (trompettiste). Dans ***L'Écume des jours*** (publié en 1947), il raconte une histoire d'amour poignante, dans une **ambiance musicale** et un univers **fantaisiste** où il multiple les **jeux de langage**.

Audio — Boris Vian, *L'Écume des jours*. hachette-clic.fr/21frbp002

Les mots-valises

Ces mots sont créés par la **fusion de deux mots existants**. Tu en connais sans doute déjà certains !

Exemples : « **teknival** » a été créé à partir des mots « techno » et « festival ».
Ce mot-valise signifie festival de musique techno.
« **Brexit** » est un mélange de *Britain* (« Grande-Bretagne », en anglais) et *exit* (« sortie »). Il désigne la sortie de la Grande-Bretagne de l'Union européenne.

Exercices interactifs

DÉFI

- **Essaie de trouver ce que signifient les mots-valises ci-dessous.**

Mot	Formé à partir des mots suivants	Signification
Adulescent :	.... + ...	= ....
Alicament :	.... + ...	= ....
Foultitude :	.... + ...	= ....

4 La lecture et moi

Après la musique, les livres ! Si l'on te dit « lecture », à quoi penses-tu ? Dans les pages qui suivent, tu trouveras des activités qui t'aideront à comprendre ton rapport aux livres.

Un peu, beaucoup, pas du tout… ?

- **Coche la proposition qui te correspond le mieux.**

1) La lecture est une activité que tu aimes :

☐ un peu.
☐ beaucoup.
☐ passionnément.
☐ pas du tout.

2) Tu lis :

☐ chaque jour.
☐ chaque semaine.
☐ chaque mois.
☐ jamais.

3) Le premier mot qui te vient à l'esprit quand tu penses à la lecture, c'est :

☐ passion. ☐ ennui.
☐ plaisir. ☐ difficulté.

Quelle est ta citation préférée ?

- **Beaucoup d'écrivains disent qu'ils s'échappent d'une vie difficile grâce à la lecture et à l'écriture. Dans les citations suivantes, de grands auteurs expriment un sentiment ou un avis personnel. Entoure celle que tu préfères.**

« Lire, c'est voyager. » V. Hugo

« Une lecture bien menée sauve de tout, y compris de soi-même. » D. Pennac

« La lecture a été quelque chose de magique pour moi. Il faut une vraie magie pour envisager un autre monde et essayer de le comprendre. » G. Halimi

« La lecture agrandit l'âme. » Voltaire

« La lecture est une amitié. » M. Proust

Lire, c'est voyager ?

- **Penses-tu, comme Victor Hugo, que l'on peut voyager en lisant des livres ?** ☐ oui ☐ non

Pourquoi ? ……………………………………………………………………

……………………………………………………………………

……………………………………………………………………

……………………………………………………………………

……………………………………………………………………

À la découverte…

… des droits du lecteur

Dans son livre intitulé *Comme un roman*, l'écrivain français Daniel Pennac évoque ce qu'il appelle les droits du lecteur : ce sont donc aussi TES droits !

- **Prends le temps de les découvrir.**

Les droits imprescriptibles* du lecteur

1. Le droit de ne pas lire. ....

2. Le droit de sauter des pages. ....

3. Le droit de ne pas finir un livre. ....

4. Le droit de relire. ....

5. Le droit de lire n'importe quoi. ....

6. Le droit au bovarysme* (maladie textuellement transmissible) ....

7. Le droit de lire n'importe où. ....

8. Le droit de grappiller. ....

9. Le droit de lire à haute voix. ....

10. Le droit de nous taire. ....

Daniel Pennac, *Comme un roman* (1992), Gallimard, collection « Folio », 1995.

* **imprescriptibles** : qui ne peuvent pas être supprimés.

Culture + *LITTÉRATURE*

* Le droit au **bovarysme** : le droit d'avoir envie de retrouver dans le réel les sensations que l'on a éprouvées lors de notre lecture. Ce mot vient du roman ***Madame Bovary***, de **Gustave Flaubert**, qui raconte l'histoire d'une femme déçue par la monotonie de sa vie (elle s'ennuie dans son quotidien petit-bourgeois). Tu en trouveras un extrait dans ce cahier → p. 54.

DÉFI

- **Numérote les droits de Pennac de 1 à 10, le 1 désignant celui que tu utilises le moins et le 10 celui que tu utilises le plus. Puis essaie de créer un onzième droit à la manière de l'auteur !**

11. ....

....

5 Mon caractère

Tu sais maintenant comment faire un autoportrait physique, et tu as vu que celui-ci peut prendre différentes formes : texte, peinture, dessin, etc. L'autoportrait physique consiste à décrire l'apparence. Mais l'apparence est-elle vraiment le reflet de la personnalité ?

Qui suis-je vraiment ?

Nous te proposons de relire l'autoportrait que tu as rédigé (→ p. 13).

- **As-tu l'impression qu'il représente complètement qui tu es ?** ☐ oui ☐ non

Pourquoi ? ....

....

....

Un mélange des deux

Dans leurs livres, les écrivains font souvent le portrait moral et physique des personnages pour que les lecteurs puissent se les représenter.

- **Dans cet extrait, peux-tu distinguer et surligner ce qui relève du physique et ce qui relève du moral ?**

« L'autoportrait de Renée »

Je m'appelle Renée. J'ai cinquante-quatre ans. Depuis vingt-sept ans, je suis la concierge du 7 rue de Grenelle, un bel hôtel particulier avec cour et jardin intérieurs, scindé en huit appartements de grand luxe, tous habités, tous gigantesques. Je suis veuve, petite, laide, grassouillette, j'ai des oignons aux pieds et, à en croire certains matins auto-incommodants, une haleine de mammouth. Je n'ai pas fait d'études, ai toujours été pauvre, discrète et insignifiante. Je vis seule avec mon chat, un gros matou paresseux, qui n'a pour particularité notable que de sentir mauvais des pattes lorsqu'il est contrarié. Lui comme moi ne faisons guère d'efforts pour nous intégrer à la ronde de nos semblables. Comme je suis rarement aimable, quoique toujours polie, on ne m'aime pas mais on me tolère tout de même [...].

Muriel Barbery, *L'Élégance du hérisson*, Gallimard, 2006.

→ Ma légende :

☐ Éléments du portrait physique (apparence)

☐ Éléments du portrait moral (caractère, qualités, défauts, habitudes...)

Audio
hachette-clic.fr/21frbp003
Muriel Barbery, *L'Élégance du hérisson*.

L'image de soi

- **Selon toi, Renée fait-elle d'elle-même :**

☐ un portrait mélioratif (qui la valorise) ? ☐ un portrait péjoratif (qui la dévalorise) ?

Pourquoi ? ....

....

....

Vers ton autoportrait moral

Ton apparence peut, certes, donner des indices sur tes goûts ou tes habitudes. Mais elle ne reflète pas complètement ton caractère, tout ce qui fait que tu es *TOI* et qu'on ne peut pas voir juste en te regardant. Pour montrer ce qui n'est pas visible, il existe donc un autre type de portrait : le portrait moral.

- **Voici une liste de mots classés par catégorie : entoure les adjectifs qui te définissent le mieux. Ajoutes-en si tu le souhaites.**

MON CARACTÈRE

joyeux/joyeuse • solitaire • rêveur/rêveuse • stressé(e) • autoritaire • facile à vivre • compliqué(e)

....

....

MES QUALITÉS

généreux/généreuse • habile • sociable • ordonné(e) • courageux/courageuse • modeste • calme

....

....

....

MES DÉFAUTS

égoïste • maladroit(e) • renfermé(e) • désordonné(e) • paresseux/paresseuse • vantard(e) • coléreux/coléreuse

....

....

....

Utiliser « et » ou « est »

→ Fiche méthode 1, Les homophones, p. 88.

- **Combien de fois ces deux mots apparaissent-ils dans le texte ?**

« **est** » : .... fois « **et** » : .... fois

T'arrive-t-il d'utiliser l'un à la place de l'autre ? Voici un mémo pour t'aider à ne plus les confondre !

- **Ces deux mots sont de nature différente :**

forme du verbe « être » (3e personne du singulier au présent) → **est** ≠ **et** ← conjonction de coordination (= mot qui sert à relier)

On peut le remplacer par « était ».

On ne peut pas le remplacer par « était ».

Exercices interactifs

DÉFI

- **Saurais-tu compléter les phrases suivantes avec le bon mot : *et* ou *est* ?**

Ce carnet .... (1) ludique .... (2) coloré ! Grâce à lui, l'auteure .... (3) sûre que je vais progresser en français. Je vais m'exercer .... (4) tout donner pour m'améliorer !

1 : est. 2 : et. 3 : est. 4 : et.

Mène l'enquête… littéraire !

Dans cet extrait de la pièce de théâtre *Le Voyageur sans bagage*, on assiste à un dialogue entre deux personnages.

- **À toi de découvrir qui sont les personnages, où et quand se déroule l'action et quel est l'enjeu de cette scène !**

Coup de pouce

Tu peux utiliser quatre couleurs différentes pour souligner ou surligner les indices dans le texte. N'oublie pas de lire le Coup de pouce (→ p. 25) !

Le lieu — Où ?

Les personnages — Qui ?

L'époque — Quand ?

L'enjeu — Quoi ?

LA DUCHESSE, *péremptoire*.

[…]

À Gaston.

Ainsi, vous êtes un des cas les plus troublants de la psychiatrie ; une des énigmes les plus angoissantes de la grande guerre – et, si je traduis bien votre grossier langage, cela vous fait rire ? Vous êtes, comme l'a dit très justement un journaliste de talent, le soldat inconnu vivant – et cela vous fait rire ? Vous êtes donc incapable de respect, Gaston.

GASTON.

Mais puisque c'est moi…

LA DUCHESSE.

Il n'importe ! Au nom de ce que vous représentez, vous devriez vous interdire de rire de vous-même. Et j'ai l'air de dire une boutade, mais elle exprime le fond de la ma pensée : quand vous vous rencontrez dans une glace, vous devriez vous tirer le chapeau, Gaston ?

GASTON.

Moi… à moi ?

LA DUCHESSE.

Oui, vous à vous ! Nous le faisons bien tous, en songeant à ce que vous personnifiez. Qui vous croyez-vous donc pour en être dispensé ?

GASTON.

Personne, Madame la duchesse.

LA DUCHESSE.

Mauvaise réponse ! Vous vous croyez quelqu'un de très important. Le bruit que les journaux ont fait autour de votre cas vous a tourné la tête, voilà tout.

Il veut parler.

Ne répliquez rien, vous me fâcheriez !

Il baisse la tête et retourne aux œuvres d'art.

[…]

LA DUCHESSE.

Indifférent. C'est le mot. Je l'avais depuis huit jours sur le bout de la langue et je ne pouvais pas le dire. Indifférent ! c'est tout à fait cela. C'est pourtant son sort qui se joue, que diable ! Ce n'est pas nous qui avons perdu la mémoire, ce n'est pas nous qui recherchons notre famille ? […]

Jean Anouilh, *Le Voyageur sans bagage* in *Pièces Noires*

Audio — Jean Anouilh, *Le Voyageur sans bagage*.
hachette-clic.fr/21frbp004

Qui est-ce ?

- **Essaie de proposer trois adjectifs pour définir la personnalité de chaque personnage de cet extrait.**

La Duchesse	Gaston
–	– ....
–	– ....
–	– ....

Coup de pouce

Dans une pièce de théâtre, on trouve parfois des indications (en lettres capitales, en italique ou entre parenthèses) avant une réplique ou en début de scène : on les appelle **didascalies** (du grec διδασκαλία : « **instructions** »). Il s'agit d'**informations** sur les personnages (leurs gestes, leurs intonations, etc.) ou encore les lieux, l'époque, etc. Elles sont destinées au metteur en scène.

Les antonymes / Les contraires

- Pour trouver le contraire d'un mot, il suffit souvent de lui ajouter un préfixe qu'on dit « privatif », comme in-* ou dé-.
- Un **préfixe** est un élément qu'on ajoute au début du mot (contrairement au **suffixe** qu'on ajoute à la fin du mot).

IN | CORRECT = INCORRECT

* Ce préfixe **varie selon la première lettre** du mot devant lequel il se place :
– il devient **im-** devant **m**, **b** et **p** ;
– il devient **il-** devant **l** ;
– il devient **ir-** devant **r**.

Exercices interactifs

DÉFI

1. Repère les deux adjectifs formés selon ce principe dans la première réplique du texte !

.... | .... = ...

.... | .... = ...

2. Ton challenge, si tu l'acceptes : compléter la grille suivante en ne faisant aucune faute d'orthographe !

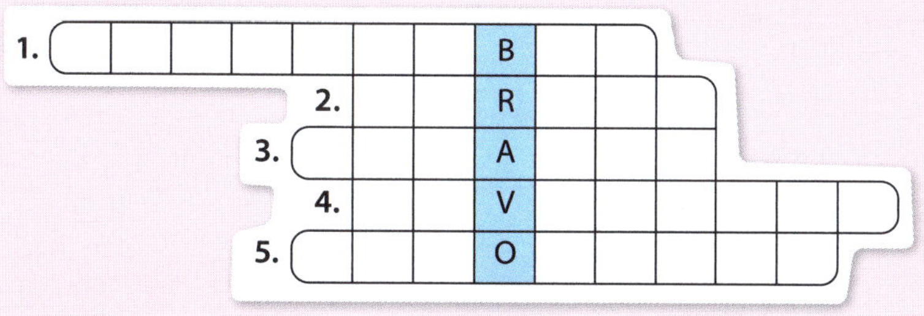

1. Contraire de possible.
2. Contraire de réel.
3. Contraire de rangé.
4. Contraire de visible.
5. Contraire de logique.

Un autoportrait étonnant

- **Notre caractère et notre personnalité transparaissent aussi à travers notre façon de nous exprimer, de nous adresser aux autres. Dans cet extrait de roman, Jeanne, la narratrice, se décrit. Découvre son portrait et observe le ton et le style utilisés.**

« L'autoportrait de Jeanne »

Méfiez-vous de moi !

Je parais douce, timide, rêveuse et petite pour mes dix ans. N'en profitez pas pour m'attaquer. Je sais me défendre. Mes parents (qu'ils soient remerciés dans les siècles des siècles) m'ont fait cadeau du plus utile car du plus guerrier des prénoms : Jeanne. Jeanne comme Jeanne d'Arc, la bergère devenue général, la terreur des Anglais. Ou cette autre Jeanne, baptisée Hachette, car elle n'aimait rien tant que découper en tranches ses ennemis.

Pour ne citer que les plus connues des Jeanne.

Mon grand frère Thomas (quatorze ans) se le tient pour dit. Il a beau appartenir à une race globalement malfaisante (les garçons), il a bien été forcé d'apprendre à me respecter.

Cela dit, je suis au fond ce que je parais en surface : douce, timide et rêveuse. Même quand la vie se fait cruelle. Vous allez pouvoir en juger.

Erik Orsenna, *La grammaire est une chanson douce*, éditions Stock, 2001.

Vidéo
hachette-clic.fr/21frbp005
Erik Orsenna, *La grammaire est une chanson douce*.

- **Comment la narratrice se décrit-elle ? Quel est l'effet souhaité ?**
Essaie de répondre aux questions ci-dessous pour identifier les intentions de l'auteur.
→ Tu peux te servir de ta boîte à outils, p. 27

– Qui est la narratrice (qui parle) dans ce roman ?

– Qu'apprends-tu sur elle, sur son apparence physique, sur son caractère ?

– Par quel type de phrase commence son portait ?

Pourquoi, à ton avis ?

– Quel est le type de la deuxième phrase du texte ?

– Pour quelle raison, selon toi ?

– À ton avis, quelle relation se crée ici entre Jeanne et le lecteur ou la lectrice du texte (toi !) dès cette introduction ?

– Cette introduction te donne-t-elle envie de lire la suite du roman ? ☐ oui ☐ non

Pourquoi ?

L'impératif

- L'impératif se conjugue seulement à trois personnes : la 2e personne du singulier, la 1re et la 2e personnes du pluriel.
- Il n'a **pas de sujet exprimé** : pas de pronom (je, tu, il/elle/on ; nous, vous, ils/elles).
- Il permet d'énoncer :
  – un **ordre** → *Termine cette page !*
  – une **interdiction** → *Ne déchire pas cette page !*
  – un **conseil** → *Sois bien attentif.*

Exercices interactifs

Ta boîte à outils

Les types de phrases

- Lorsque l'on communique, on utilise différents types de phrases en fonction de nos **intentions**. Il existe **quatre grands types de phrases** :
  – la phrase **déclarative**, qui permet d'affirmer une chose, d'énoncer un fait, de donner une information ;
  – la phrase **interrogative**, pour poser une question ;
  – la phrase **exclamative**, qui exprime un sentiment/une émotion ;
  – la phrase **injonctive**, pour exprimer un conseil, donner un ordre ou formuler une interdiction.
- Pour les **reconnaître** facilement, regarde la **ponctuation** et le **verbe conjugué** :

Ponctuation	Temps du verbe conjugué	Types de phrases
.	tous les temps sauf l'impératif	déclarative
	impératif	injonctive
?	tous les temps	interrogative
!	tous les temps sauf l'impératif	exclamative
	impératif	injonctive

DÉFI

- **Trouve au moins une phrase de chaque type dans l'extrait du *Voyageur sans bagage* → p. 24.**

Phrase déclarative : ....

....

Phrase exclamative : ....

....

Phrase interrogative : ....

....

Phrase injonctive : ....

....

6 Lettre à celui/celle que je serai dans un an

Au fil de cette première partie, tu as pris le temps de réfléchir à la personne que tu es au moment où tu lis ce carnet. Que dirais-tu à présent de te projeter dans un an et de t'écrire une lettre ?

Dans cette lettre, tu vas essayer de t'adresser au « moi » que tu seras ou que tu espères être dans un an. Essaie, c'est vraiment une belle expérience !

À ...., le .... / .... / ....

....,

....

....

....

....

....

....

....

....

....

....

....

....

....

....

....

....

....

....

....

....

Lieu (= ville) + **date** (= JJ/MM/AAAA)

Formule d'introduction (aussi appelée formule d'appel, d'adresse)
Exemple :
Cher/Chère [prénom]

Corps de la lettre

Pour **structurer ta lettre**, tu peux imaginer 2 parties, donc 2 paragraphes :

1. Présente la personne que tu es actuellement (physiquement et moralement) ;
2. Imagine la personne que tu seras ou souhaites être dans un an et donne-lui des conseils (pense à utiliser l'impératif !).

Formule de conclusion (aussi appelée formule de salutation, de politesse)
Exemples : bises, bisous, à bientôt, à plus…

Signature

JE FAIS LE POINT

Quiz

QCM interactif — Flash Card

Tu viens de faire un superbe travail sur toi en te prêtant aux différents exercices d'écriture et de réflexion de cette première partie ! Nous sommes sûres que, sans même t'en rendre compte, tu as déjà acquis de multiples compétences et connaissances.

Tu paries ?

1 Qu'est-ce qu'un autoportrait ?

○ Le portrait d'une automobile.
◇ Un portrait réalisé par soi-même.
☐ Un portrait fait par un artiste.

2 Comment s'accorde un adjectif ?

☐ Au singulier ou au pluriel.
○ Avec un accordeur.
◇ En genre (masculin/féminin) et en nombre (singulier/pluriel) avec le nom qu'il détermine.

3 Qui était Arman ?

○ Un célèbre couturier.
☐ Un auteur français.
◇ Un artiste français.

4 Quelle est l'orthographe correcte du contraire de l'adjectif « croyable » ?

☐ Imcroyable. ◇ Incroyable. ○ Décroyable.

5 Laquelle de ces trois phrases est déclarative ?

☐ Nous sommes fières de toi !
◇ Les auteures du livre sont fières de tes progrès.
○ Vous pouvez répéter la question ?

6 Dans un texte, si je veux décrire la chambre de mon enfance, j'utilise :

☐ le présent de l'indicatif.
○ le futur de l'indicatif.
◇ l'imparfait de l'indicatif.

7 Qui est l'inventeur du pianocktail ?

☐ Marcel Proust.
○ Mozart.
◇ Boris Vian.

8 Dans la phrase « Il est courageux. », le mot « est » s'écrit ainsi car :

☐ on ne peut pas le remplacer par « était ».
◇ on peut le remplacer par « était ».
○ on peut le remplacer par « et puis ».

9 Au théâtre, une didascalie indique :

☐ à l'acteur comment jouer.
◇ au metteur en scène comment adapter la pièce et diriger le jeu des comédiens.
○ au public quand applaudir.

10 Quel est le premier droit du lecteur selon Daniel Pennac ?

☐ Le droit de ne pas finir un livre.
◇ Le droit de ne pas lire.
○ Le droit de déchirer le livre.

Tu as une majorité de…

◆ **BRAVO** : tu as énormément progressé ! Tu peux passer à la suite en toute sérénité.

■ **SUPER** : tu as déjà beaucoup appris ! N'hésite pas à relire cette première partie si tu en ressens le besoin et/ou l'envie !

● **OUPS** : aurais-tu lu ce carnet à l'envers ?!

Test 2 *L'enfer, c'est les autres*

Un peu étrange comme rapport aux autres, non ? Cette célèbre phrase clôture la pièce de théâtre ***Huis Clos***, de **Jean-Paul Sartre**. L'auteur y propose une réflexion philosophique : **le regard (le jugement) de l'autre** a-t-il un impact sur l'image que l'on a de soi ?

1 Quel arbre pourrait symboliser ta famille ?

- Le chêne : force et solidité.
- Le frêne : immortalité.
- L'olivier : paix et amour.
- La vigne : joie et solidarité.

2 Quel compliment te ferait le plus plaisir ?

- Tu ressembles comme deux gouttes d'eau à ton frère/ta sœur.
- Tu es un savant mélange de tes parents.
- Tu ne ressembles qu'à toi-même.

3 Parmi ces titres de livres, lequel te correspond le mieux ?

- *Les Rêveries du promeneur solitaire* (Jean-Jacques Rousseau).
- *En famille* (Hector Malot).
- *Les Copains* (Jules Romains).
- *Ensemble, c'est tout* (Anna Gavalda).

4 Pour toi, les vacances idéales, ce serait :

- en famille.
- avec des ami(e)s.
- seul(e) avec toi-même.
- avec les personnes rencontrées pendant ce séjour.

Le Château de ma mère, film d'Yves Robert, 1990. D'après le roman de Marcel Pagnol.

Intouchables, film d'Olivier Nakache et Eric Toledano, 2011.

5 L'adjectif qui définit le mieux ta relation aux autres, c'est :

- solitaire : tu aimes être seul(e).
- exclusif/exclusive : tu aimes passer du temps seul(e) avec ton/ta meilleur(e) ami(e).
- grégaire : tu ne vois que par ta bande de potes !

6 Parmi ces citations, laquelle se rapproche le plus de ta vision de l'amitié ?

- « Il ne vaut pas la peine de vivre si l'on n'a pas un bon ami. » (Démocrite, philosophe grec)
- « Toutes les grandeurs de ce monde ne valent pas un bon ami. » (Voltaire, philosophe du siècle des Lumières)
- « On voit qu'un ami est sûr quand notre situation ne l'est pas. » (Cicéron, philosophe latin)

7 En amitié, tu dirais que tu es surtout :

- altruiste : tu donnes sans rien attendre en retour.
- prudent(e) : on ne sait jamais…
- fidèle : c'est pour la vie !
- versatile : tu changes souvent d'ami(e)s.

8 Dans le groupe des Avengers, tu serais plutôt :

- Captain America : le/la chef(fe) sans défaut.
- Iron Man : celui/celle qui attire l'attention de tout le monde.
- Hulk : celui/celle qui fonce sans réfléchir.
- Black Widow : le/la solitaire efficace.

9 Tu es invité(e) à une soirée où il y aura des personnes que tu ne connais pas…

- Cool : tu te réjouis de faire des rencontres !
- Pas grave : tu ne parleras qu'à tes ami(e)s.
- OK : tu vas encore rester dans ton coin…
- « C'est mort ! » : tu n'y vas pas !

10 Côté réseaux sociaux, tu es du genre :

- perpétuellement connecté(e) : tu dors avec ton portable.
- raisonnable : c'est chouette pour garder contact avec tes proches !
- « pas trop ton truc » : tu préfères la vie IRL*.

Culture + VOCABULAIRE

IRL est le sigle de l'expression anglaise *In Real Life* (« *dans la vraie vie* »), qui renvoie à la vie réelle, en opposition à la vie virtuelle.

1 Mon prénom

Dans la première partie de ce carnet, tu as appris à mieux te connaître. Nous te proposons, dans cette deuxième partie, de t'intéresser à ton rapport aux autres. Commençons par ton prénom : il te caractérise aux yeux de ta famille, de tes amis et de la société toute entière. Et toi, que sais-tu de ton prénom ?

À la rencontre de ton prénom

Sais-tu ce qu'il signifie ou encore quelle est son origine ?

- **Lance-toi dans une petite recherche ! Tu peux utiliser Internet pour certaines informations.**

– Mon prénom : ....

– Origine(s) géographique(s) : ....

– Signification(s) : ....

– Popularité actuelle : ....

- **Qu'as-tu appris sur ton prénom ?** ....

....

....

Un prénom en chanson

CAROLINE était une amie, une superbe fille
Je repense à elle, à nous, à nos cornets vanille
À sa boulimie de fraises, de framboises, de myrtilles
À ses délires futiles, à son style pacotille

Je suis l'as de trèfle qui pique ton cœur
L'as de trèfle qui pique ton cœur
L'as de trèfle qui pique ton cœur, Caroline

[...] Comme le trèfle à quatre feuilles, je cherche votre bonheur
Je suis l'homme qui tombe à pic, pour prendre ton cœur
Il faut se tenir à carreau, Caro ce message vient du cœur

MC Solaar, *Caroline*, « Qui sème le vent récolte le tempo »,
Polydor, 1991.

Vidéo

hachette-clic.fr/21frbp006

MC Solaar, *Caroline* (4'01)

Mc Solaar est l'un des premiers artistes à avoir popularisé le **rap** en France dans les années 1990. Écoute cette chanson dans son intégralité pour découvrir son **style à la fois poétique et ludique !**

De nombreux prénoms sont devenus populaires grâce à une chanson. Dans ce texte, le rappeur Mc Solaar joue avec les mots à partir du prénom Caroline.

- **Essaie de repérer les jeux de mots (tu peux les souligner ou les surligner).**
- **D'après toi, quelle relation le chanteur entretenait-il avec Caroline ? Pense à t'appuyer sur des mots du texte pour répondre.** ....

....

Le prénom : un reflet de la personnalité ?

On dit parfois que le prénom influence la personnalité de celui ou celle qui le reçoit.

- **Qu'en penses-tu ? Essaie d'exprimer ton avis en donnant des arguments et des exemples. Les tableaux ci-dessous te permettront d'organiser tes idées.**

Coup de pouce

Cherche dans ton entourage des exemples de personnes qui portent le même prénom. Cela t'aidera à trouver tes arguments plus facilement.

Le prénom reflète la personnalité de la personne qui le porte car :	
Arguments	Exemples
....	....
....	....
....	....

Le prénom ne reflète pas la personnalité de la personne qui le porte car :	
Arguments	Exemples
....	....
....	....
....	....

- **Maintenant, tu peux rédiger ta réponse en utilisant les éléments de ton tableau.**

Je pense que le prénom reflète/ne reflète pas la personnalité d'une personne car ....

....

....

....

De plus, ...

....

....

....

Culture + *LITTÉRATURE*

Les prénoms de femmes ont inspiré de nombreux poètes. **Louis Aragon**, par exemple, a dédié plusieurs recueils de poèmes à sa femme, **Elsa Triolet**, dans lesquels il exprime l'amour qu'il lui voue.

Il advint qu'un beau soir l'univers se brisa
Sur des récifs que les naufrageurs enflammèrent
Moi je voyais briller au-dessus de la mer
Les yeux d'Elsa les yeux d'Elsa les yeux d'Elsa

L. Aragon, « Les Yeux d'Elsa », 1942.

2 Ma famille

La famille est un des thèmes les plus fréquents en littérature et au cinéma, où il est exploré sous toutes ses facettes ! Mais au fait, que signifie pour toi le mot « famille » ?

Culture + ÉTYMOLOGIE

Le mot « **famille** » vient du latin *familia* : ce terme désignait l'ensemble des personnes habitant sous un même toit (maître, femme, enfants et serviteurs).

Ta définition de la famille

- **Si tu devais rédiger la définition du mot « famille » pour un dictionnaire, qu'écrirais-tu ?**

famille, nom (commun) féminin : ....

....

....

- **Quels mots te viennent à l'esprit en regardant cette affiche de film ?**

....

- **Ce film aborde un sujet de société sur un ton humoristique. Lequel, selon toi ?**

....

C'est quoi cette famille ?, film de Gabriel Julien Laferrière, 2016.

Les noms

Les noms sont les mots les plus anciens du monde : pour communiquer, l'Homme a eu besoin de nommer les éléments qui l'entouraient (les personnes, les animaux, etc.). Il existe **deux catégories de noms** :

- les noms **propres**

Ils commencent par une **majuscule** et désignent une personne (Louise, Youssef), un animal (Milou) ou un lieu (Marseille) **en particulier**.

- les noms **communs**

Ils commencent par une **minuscule** et désignent une personne, un animal, un lieu, etc., **en général**. Ils sont souvent précédés d'un **déterminant** : *un, une, le, la, les, des, mon, ton, son, ses, nos, vos, leurs…*

Exercices interactifs

DÉFI

- **Dans cet extrait, repère les noms propres et les noms communs.**
- **Crée un code couleur pour les différencier.**

Indice : **il y a quatre noms communs et deux noms propres !**

> Une petite sœur était née, et tout justement pendant que nous étions […] chez ma tante Rose, qui nous avait gardés deux jours, pour faire sauter les crêpes de la Chandeleur.
>
> *La Gloire de mon père*, Marcel Pagnol, 1957.

Ton code couleur : noms propres ☐ noms communs ☐

Souvenirs d'enfance

Dans *La Gloire de mon père*, le narrateur, Marcel, revient sur le jour où son frère et lui ont rencontré leur petite sœur. Écoute attentivement cet extrait.

Audio

hachette-clic.fr/21frbp007

Marcel Pagnol, *La Gloire de mon père* (1957), coll. « Fortunio », Éditions de Fallois, 2004.

- **Quels sentiments et émotions as-tu ressentis pendant cette écoute ?**

☐ Le plaisir ☐ L'ennui
☐ La nostalgie ☐ La tristesse
☐ L'amusement ☐ Le dégoût
☐ Autre : ....

- **Quels éléments ont suscité, chez toi, ces émotions et sentiments ?**

☐ Les personnages ☐ Les détails
☐ L'histoire ☐ L'écriture
☐ Autre : ....

Culture + LITTÉRATURE

La Gloire de mon père est un **roman autobiographique** où Marcel Pagnol raconte ses souvenirs d'enfance. Dans ce premier tome, il débute par sa naissance, puis narre son enfance, ses années d'école… Il poursuivra ce récit quelques années plus tard dans *Le Château de ma mère*, *Le Temps des secrets* et *Le Temps des amours*.

- **Essaie d'aller plus loin dans l'expression de ton ressenti (tu peux réécouter l'extrait).**

J'ai aimé…

- ....
- ....
- ....
- ....
- ....

Je n'ai pas aimé…

- ....
- ....
- ....
- ....
- ....

J'ai compris que…

- ....
- ....
- ....
- ....

Je n'ai pas compris pourquoi / quand…

- ....
- ....
- ....
- ....

Amours fraternels…

- **D'après toi, peut-on aimer un(e) ami(e) comme un frère ou une sœur ?** ☐ Oui ☐ Non

Pourquoi ? ....
....
....
....

3 Ma généalogie

La célèbre artiste peintre Frida Kahlo a réalisé une œuvre autobiographique originale sous la forme d'un arbre généalogique. Dans ce tableau, elle s'est représentée entourée de ses ascendants. As-tu déjà tenté l'aventure généalogique ?

Frida Kahlo, *Mes grands-parents, mes parents et moi (arbre généalogique)*, 1936, peinture à l'huile et à la tempera sur métal (30,7 x 34,5 cm), Museum of Modern Art, New York.

Culture + ***ÉTYMOLOGIE***

- La **généalogie** est l'étude et la recherche des **ascendants** (ancêtres) et des **descendants** d'une personne.
- Ce mot est formé à partir de deux noms grecs : **γενεά** (***genea***), qui signifie « **génération** », et **λόγος** (***logos***), qui veut dire « **connaissance** ».
- En français, de nombreux noms de sciences sont formés avec le suffixe **-logie** qui vient du mot grec **λόγος**.

L'arbre de Frida

Observe attentivement ce tableau et essaie de répondre aux questions suivantes.

- **Frida s'est représentée à trois stades de sa vie. Lesquels ?**

....

....

....

- **Que tient la petite fille Frida dans sa main droite ?**

....

- **De quelle couleur est cet objet ? D'après toi, pourquoi ?**

....

....

....

....

....

....

Liens du sang, liens du cœur

- Connais-tu l'expression « les liens du sang » ? Saurais-tu l'expliquer avec tes mots ?

....

....

- Il existe d'autres expressions avec le mot « sang ». Par exemple, « C'est le sang ! » ou encore « C'est le sang de la veine ! » expriment les liens forts qui existent entre deux personnes. Quelle comparaison peux-tu faire entre « C'est le sang ! » et « les liens du sang » ?

....

....

....

À ton tour de créer ton arbre !

- As-tu envie de faire ton arbre généalogique ? Voici un espace pour te lancer !

Coup de pouce

- Tu peux coller des photographies ou dessiner des membres de ta famille (parents, grands-parents, frères et sœurs), ou tout simplement écrire leurs prénoms (en les décorant si tu le souhaites).
- Tu peux t'inspirer de l'arbre de Frida… ou pas ! C'est ton arbre : tu le construis à ta façon !

Mène l'enquête… littéraire !

Il existe aujourd'hui toutes sortes de familles, parfois bien loin de la définition que l'on peut en trouver dans le dictionnaire ! Dans ce texte, Alain Mabanckou évoque la sienne.

- **Prends le temps de lire l'extrait pour identifier les personnages, le lieu, l'époque et le sujet.**

Coup de pouce

Utilise quatre couleurs différentes pour souligner/surligner les **indices** du texte.

Audio

Alain Mabanckou, *Lumières de Pointe-Noire*.
hachette-clic.fr/21frbp008

C'est à toi !

« S'inventer une famille »

Après 23 ans d'absence, l'écrivain Alain Mabanckou retourne à Pointe-Noire, au Congo, la ville où il a grandi. Ce retour aux sources ravive ses souvenirs…

Oui, j'ai longtemps laissé croire que ma mère était encore en vie. Je n'avais, pour ainsi dire, pas le choix, ayant pris l'habitude de ce genre de mensonges depuis l'école primaire lorsque je ressuscitais mes sœurs aînées dans le dessein d'échapper aux railleries de mes camarades qui, eux, se glorifiaient d'avoir une famille nombreuse et se proposaient de « prêter » des rejetons à ma mère. […] Déçue […], ma mère s'était résolue à accepter sa condition : n'avoir qu'un seul enfant et se dire qu'il y avait sur terre d'autres femmes qui n'en avaient pas et qui auraient été comblées d'être à sa place. Elle ne pouvait pas pour autant balayer d'un revers de main le fait que la société dans laquelle elle vivait considérait une femme sans enfants comme aussi malheureuse que celle qui n'en avaient eu qu'un seul. Dans ce même esprit, un fils unique était un pestiféré. Il était la cause des malheurs de ses parents […].

Lorsque j'évoquais ces sœurs devant mes camarades j'exagérais sans doute. J'avançais avec fierté qu'elles étaient grandes, belles et intelligentes. J'ajoutais, sûr de moi, qu'elles portaient des robes aux couleurs d'arc-en-ciel et qu'elles comprenaient la plupart des langues de la terre. Et pour convaincre certains de mes détracteurs, j'insistais qu'elles roulaient dans une Citroën DS décapotable rouge conduite par un *boy*, qu'elles avaient maintes fois pris l'avion, et qu'elles avaient traversé les mers et les océans. Je savais alors que j'avais marqué des points lorsque les interrogations fusaient […].

Alain Mabanckou, *Lumières de Pointe-Noire*, « Fiction & Cie », © Éditions du Seuil, 1998, « Points », 2018.

Le lieu — Où ?

……………………………………………

L'époque — Quand ?

……………………………………………

……………………………………………

Les personnages — Qui ?

……………………………………………

……………………………………………

Le sujet — Quoi ?

……………………………………………

……………………………………………

……………………………………………

À ton rythme…

Tu as besoin d'être guidé(e) ?

- Pense à regarder le **paratexte** ! C'est l'ensemble des éléments qui donnent des **informations sur le texte** (titre, date de publication, note de texte, etc.). Dans cet extrait, il t'apporte une information sur le lieu de l'histoire.
- Relève les moyens de locomotion cités dans le texte pour deviner l'époque.

Une image de la famille

- **Dans ce texte (→ p. 38), essaie de trouver au moins cinq mots appartenant au champ lexical de la famille.**

....

....

....

> **Coup de pouce**
>
> Un **champ lexical** est un ensemble de mots qui se rapportent **à un même thème, à une même catégorie.**
>
> Exemple : « écrivain », « écrire », « roman » appartiennent au champ lexical de la littérature.

- **Quelle est la situation familiale du narrateur ?**

....

....

....

....

- **Selon toi, quelle image de sa famille le narrateur donne-t-il dans cet extrait ?**

....

....

....

....

....

....

....

Utiliser « et » ou « est »

Pour savoir s'il faut écrire « ces » ou « ses », tu peux remplacer chacun par son équivalent au singulier.

- Si tu peux dire « **son** », il s'agit d'exprimer une **possession** → tu écriras donc « **ses** ».
  Exemple :
  J'ai rencontré **ses** frères aînés.
  (J'ai rencontré **son** frère aîné.)
- Si tu peux dire « **ce** » ou « **cette** », il s'agit de montrer ou de **désigner** → tu écriras « **ces** ».
  Exemple :
  Je choisis **ces** livres-là.
  (Je choisis **ce** livre-là.)

→ Fiche méthode 1, Les homophones, p. 88.

Exercices interactifs

DÉFI

- **Dans l'extrait p. 38, repère tous les « se » et « ce ». Puis, indique la nature des mots qui suivent chacun (nom ou verbe) :**

se + ...

ce + ...

FÉLICITATIONS
tu as trouvé la règle !
Tu viens de créer ton point de langue !

4 Mes amis

Amis, copains, relations, contacts… Tu rencontres souvent ces mots au quotidien : au lycée, sur les réseaux sociaux, etc. Que signifient-ils pour toi ? Après la réflexion que tu as menée sur la notion de famille, nous te proposons maintenant de travailler sur ta conception de l'amitié.

« On choisit ses ami(e)s »

- **Peux-tu faire une liste de tes ami(e)s ?**

....

....

- **Connais-tu l'expression populaire ci-dessous ?**
Comment la reformulerais-tu avec tes propres mots ?

« On ne choisit pas sa famille, on choisit ses amis. » ....

....

....

- **Quelle serait ta définition du mot « amitié » ?**
amitié, nom (commun) féminin ....

....

....

- **Quelles sont les personnes de ton entourage qui correspondent à la définition que tu viens d'écrire ?**

....

Amitiés virtuelles… amitiés réelles ?

Dans la première activité, tu as dressé une liste de tes ami(e)s.

- **As-tu écris des prénoms de personnes :**
  - que tu vois tous les jours ou très fréquemment ? ☐ Oui ☐ Non
  - que tu ne vois plus du tout mais qui restent des ami(e)s ? ☐ Oui ☐ Non
  - que tu ne connais qu'à travers les réseaux sociaux (Instagram, Snapchat, etc.) ? ☐ Oui ☐ Non
- **Selon toi, peut-on être ami(e) avec quelqu'un qu'on ne connaît que virtuellement ?** ☐ **Oui** ☐ **Non**
Pourquoi ?

....

....

....

....

À chacun sa conception de l'amitié !

De nombreux écrivains se sont interrogés sur le sens du mot « amitié ».

- **Voici un petit échantillon de citations sur le sujet. Prends le temps de les découvrir.**

« Plus l'ami est ancien, meilleur il est. »
PLAUTE, Antiquité.

« Les amis : une famille dont on a choisi les membres. »
Alphonse KARR, XIXe siècle.

« À chacun sa vie : c'est le secret de l'amitié. »
Daniel PENNAC, XXe siècle.

« Il n'y a pas d'ami, il n'y a que des moments d'amitié. »
Jules RENARD, XIXe siècle.

« Nulle amie ne vaut une sœur. »
Christina ROSSETTI, XIXe siècle.

« Le malheur a cela de bon qu'il nous apprend à connaître nos vrais amis. »
Honoré DE BALZAC, XIXe siècle.

« Un ami est comme un melon. Il faut en essayer plusieurs avant d'en trouver un bon. »
Alfred DE MUSSET, XIXe siècle.

- **Quelle citation préfères-tu ? Pourquoi ?**

Je préfère la citation de .... car ....

....

....

- **Peux-tu donner un exemple pour illustrer ton argument ?** Par exemple, ...

....

- **Quelle citation te parle le moins ? Pourquoi ?**

La citation de .... me parle moins car ....

....

....

- **Essaie de donner un exemple pour justifier ton argument.**

Par exemple, ...

....

Ta boîte à outils

Donner son avis sur un sujet

- Pour donner son avis, on a recours à des **arguments** (des preuves).
- Afin que les arguments soient clairs et convaincants, il est important de les accompagner d'**exemples** (de citer des cas, des faits précis, etc.).

Tu peux garder à l'esprit cette formule :

J'ai un avis (= la thèse) sur une question (= le sujet).

→ Je l'explique par des preuves (= des arguments) que j'illustre par des faits précis (= des exemples).

Une histoire d'amitié

Le thème de l'amitié est souvent exploré en littérature. L'extrait ci-dessous est tiré d'un roman de Tahar Ben Jelloun qui met en mots une amitié.

- **Prends le temps de t'imprégner de la scène pour pouvoir l'imaginer, puis improvise-toi illustrateur/illustratrice en la dessinant !**

« La lettre de Mamed »

J'ai reçu une lettre ce matin. Une enveloppe en papier recyclé. Sur la tête de Hassan II* en djellaba blanche, un tampon où la date et le lieu d'émission sont difficilement lisibles. J'ai reconnu l'écriture hachurée de Mamed. En haut à gauche, le mot « personnel » est souligné deux fois. À l'intérieur, une feuille jaunâtre. Quelques phrases, brutales, sèches, définitives. Je les ai lues et relues. Ce n'est pas une blague, un canular de mauvais goût. C'est une lettre destinée à me détruire. La signature est bien celle de mon ami Mamed. Il n'y a pas de doute. Mamed, le dernier ami.

Le Dernier Ami, Tahar Ben Jelloun, © Éditions du Seuil, 2004, « Points », 2016.

* **Hassan II :** ancien roi du Maroc.

Audio
hachette-clic.fr/21frbp009
Tahar Ben Jelloun, *Le Dernier Ami*.

Essaie d'illustrer ce passage du livre : fais un gros plan sur les mains du narrateur qui tiennent la lettre qu'il s'apprête à ouvrir.

Lis attentivement le texte (plusieurs fois si besoin) : tu repéreras ainsi toutes les informations utiles pour que ton dessin reflète bien la scène.

Le passé composé

- Le passé composé est un **temps composé du passé**. On l'utilise pour exprimer une **action achevée** dans un récit au passé.
- Il est formé de l'**auxiliaire** (« être » ou « avoir » selon les verbes) **conjugué au présent** et du **participe passé** du verbe conjugué (avec « être », celui-ci s'accorde toujours avec le sujet).

auxiliaire conjugué au présent + participe passé = passé composé

Exercices interactifs

Mène l'enquête… littéraire !

Un peu plus loin dans le roman, on découvre une lettre d'Ali adressée à Mamed.

- **C'est le moment d'enquêter : identifie les personnages, le lieu, l'époque et le sujet ! Pour le lieu, tu trouveras un indice dans le premier extrait (** → page de gauche**).**

Le lieu — Où ? ……………………………………

……………………………………

Les personnages — Qui ? ……………………………………

……………………………………

L'époque — Quand ? ……………………………………

……………………………………

L'intrigue — Quoi ? ……………………………………

……………………………………

……………………………………

……………………………………

……………………………………

« La lettre d'Ali »

Cher Mamed,

Dis-moi comment va ta santé ; je tiens à savoir ce qui se passe avec ta santé ; ta toux n'augure rien de bon, ce n'est pas à toi, le spécialiste des poumons, que j'apprendrai qu'elle est mauvaise.

Vous êtes partis, toi et ta famille comme des clandestins. Je ne t'en veux pas, je voudrais juste savoir ce qui s'est passé, pourquoi avoir choisi ce soir-là pour chercher à me détruire. Je refuse de me défendre et de te prouver ce que tu sais mieux que quiconque. J'ai été davantage blessé par ton état que par ce que tu m'as dit. Nous nous connaissons assez bien pour ne pas nous raconter des histoires, ni nous faire des procès en public. Notre amitié a des bases solides. Les reproches sont indignes de notre histoire.

Je te laisse te reposer, et quand tu te sentiras mieux, appelle-moi ou si tu veux dis-moi quand je pourrai t'appeler ; il faut qu'on se parle calmement et que les choses soient transparentes et sans ambiguïtés.

Je te serre dans mes bras comme d'habitude.

Ton ami fidèle.

Le Dernier Ami, Tahar Ben Jelloun,

Audio — Tahar Ben Jelloun, *Le Dernier Ami*.
hachette-clic.fr/21frbp010

Utiliser « a » ou « à »

→ Fiche méthode 1, Les homophones, p. 88.

- **Relève toutes les occurrences de « a » et de « à » dans les deux extraits de cette double page.**

T'arrive-t-il d'utiliser l'un à la place de l'autre ? Voici un mémo pour t'aider à ne plus les confondre !

forme du verbe « avoir » à la 3ᵉ pers. du singulier au présent → a ≠ à ← préposition (mot invariable)

On peut le remplacer par « avait ».

On ne peut pas le remplacer par « avait ».

Rappel : il existe de nombreuses prépositions : *à, de, par, pour, sur, sans…*

Exercices interactifs

5 Mes valeurs en amitié

Lors de la première rencontre entre deux personnes, il arrive que le courant passe tout de suite. Qu'est-ce qui fait que la magie opère immédiatement… ou pas ? Faut-il obligatoirement se ressembler ou partager des valeurs communes pour devenir ami(e)s ?

No et moi, film de Zabou Breitman, 2010.

Une rencontre improbable

- **Si tu devais décrire cette photographie, quels mots te viendraient à l'esprit ?**

....

....

....

....

- **Quels détails sur la photographie peuvent laisser penser que ces deux personnes sont amies ?**

....

....

- **Si tu devais imaginer la relation qui existe entre ces deux personnes, quel(s) mot(s) choisirais-tu ? Pourquoi ?**

Exemples : humour • rivalité • inquiétude • complicité • confiance • tristesse

....

....

Culture + CINÉMA

Le film ***No et Moi***, sorti en 2010, est une adaptation du roman de Delphine de Vigan, paru en 2007. Lou,13 ans, jeune lycéenne précoce issue d'un milieu favorisé, rencontre No, une jeune SDF de 18 ans : une amitié forte se tisse rapidement entre elles.

Selon toi, quel sujet de société grave est abordé dans ce film ? Quel peut être le message de cette histoire ?

....

....

....

....

....

....

....

Raymond Prunin, *Groupe d'enfants discutant dans la rue*, 1950, photographie.

Culture + ÉTYMOLOGIE

Comme beaucoup de mots de la langue française, « **compagnon** » et son équivalent plus familier « **copain** » viennent du latin. Ils sont formés à partir des mots *cum* (« avec ») et *panem* (« pain »). Mis ensemble, ces mots désignent donc celui avec lequel on partage son pain… Amusant, non ?

Tout se dire ?

- **Selon toi, peut-on vraiment tout dire, tout raconter, à ses ami(e)s ?** ☐ Oui ☐ Non
Pourquoi ? Essaie de donner au moins un argument pour chaque thèse (position).

OUI on peut tout dire à ses ami(e)s car :	NON on ne peut pas tout dire à ses ami(e)s car :
–	– ....
–	– ....
–	– ....

Amitié : j'écris ton nom…

- **Essaie d'inventer une strophe ou un couplet de chanson sur l'amitié. Pour t'aider, voici une série de noms communs que tu peux utiliser, mais libre à toi d'en choisir d'autres ! En poésie, tout est affaire de sentiments et d'émotions, alors laisse parler ton coeur !**

Quelques mots pour t'inspirer…

fidélité — générosité — différence(s) — ....

humour — complicité — valeur(s) — ....

confiance — bonheur — ....

Titre : ....

....
....
....
....
....
....
....
....
....
....
....
....

À ton rythme…

Tu as besoin d'être guidé(e) ?

- Pour t'aider à rédiger, tu peux imaginer que tu écris ce texte pour une personne en particulier : que voudrais-tu lui dire ?
- Tu n'es pas obligé(e) de faire des rimes, mais cela peut t'aider : avec certains mots de la liste proposée, tu peux en construire.
- Cherche un poème ou une chanson simple et inspire-toi de son style pour écrire.

Tu souhaites aller plus loin ?

- Écris une seconde strophe en créant des rimes.

Une étoile dans la nuit

Certaines amitiés surgissent quand on s'y attend le moins ! Dans *Le Petit Prince*, un aviateur qui a atterri en catastrophe dans le désert est réveillé par une petite voix qui lui demande de lui dessiner… un mouton ! Une rencontre extraordinaire qui va marquer sa vie…

- **Prends le temps de découvrir cet extrait.**

Audio — Antoine de Saint-Exupéry, *Le Petit Prince*.
hachette-clic.fr/21frbp011

« Tu seras content de m'avoir connu »

Dans cet extrait, situé à la fin de l'ouvrage, le narrateur revient sur ses adieux au petit prince…

– Tu regarderas, la nuit, les étoiles. C'est trop petit chez moi pour que je te montre où se trouve la mienne. C'est mieux comme ça. Mon étoile, ça sera pour toi une des étoiles. Alors, toutes les étoiles, tu aimeras les regarder… Elles seront toutes tes amies. Et puis je vais te faire un cadeau… […]

– Les gens ont des étoiles qui ne sont pas les mêmes. Pour les uns, qui voyagent, les étoiles sont des guides. Pour d'autres elles ne sont rien que de petites lumières. Pour d'autres qui sont savants elles sont des problèmes. Pour mon businessman elles étaient de l'or. Mais toutes ces étoiles-là se taisent. Toi, tu auras des étoiles comme personne n'en a…

– Que veux-tu dire ?

– Quand tu regarderas le ciel, la nuit, puisque j'habiterai dans l'une d'elles, puisque je rirai dans l'une d'elles, alors ce sera pour toi comme si riaient toutes les étoiles. Tu auras, toi, des étoiles qui savent rire !

Et il rit encore.

– Et quand tu seras consolé (on se console toujours) tu seras content de m'avoir connu. Tu seras toujours mon ami. Tu auras envie de rire avec moi. Et tu ouvriras parfois ta fenêtre, comme ça, pour le plaisir… Et tes amis seront bien étonnés de te voir rire en regardant le ciel. Alors tu leur diras : « Oui, les étoiles, ça me fait toujours rire ! »

Antoine de Saint-Exupéry, *Le Petit Prince* (1943), Gallimard, 1999.

- **Quels sentiments et émotions as-tu ressentis pendant cette lecture ?**

- **Quels détails ont suscité, chez toi, ces sentiments et émotions ?**

- **As-tu aimé cet extrait ? Essaie d'exprimer ce que tu as apprécié, ou non, dans ce texte.**

Pour la vie ?

- **Selon toi, l'amitié peut-elle durer toute une vie ? ☐ Oui ☐ Non Pourquoi ? Essaie de donner au moins trois arguments pour défendre ton point de vue. Pour t'aider à organiser ta réponse, les connecteurs logiques sont déjà écrits.**

L'amitié peut / ne peut pas (*barre au choix*) durer toute une vie.

Tout d'abord, parce que ....

....

....

....

Ensuite, ...

....

....

....

Enfin, ...

....

....

....

Le Petit Prince de Saint-Exupéry. Musique et livret de Michaël Levinas, direction musicale d'Arie Van Beek. Avec J. Crousaud (le Petit Prince), V. Lièvre-Picard (l'aviateur), théâtre du Châtelet, Paris, février 2015.

Culture + LITTÉRATURE

As-tu déjà lu *Le Petit Prince* ?
Voici 4 bonnes raisons de le (re)lire !

1. C'est le deuxième ouvrage le plus traduit au monde (après la Bible).
2. Il est très court et facile à lire.
3. C'est un texte illustré par l'auteur avec des aquarelles magnifiques.
4. C'est un conte philosophique que l'on peut lire ou écouter à tout âge.
   Tu peux même le trouver en ligne, gratuitement !

Site Web – Antoine de Saint-Exupéry, *Le Petit Prince*.
hachette-clic.fr/21frbp012

Langue – Le futur

- Le futur est un **temps simple**. Il exprime un fait ou une action qui n'a pas encore eu lieu au moment où l'on parle. Il est donc principalement utilisé dans les textes pour annoncer des **actions à venir** ou des **suppositions**.
- Les **terminaisons** du futur sont toujours précédées d'un **r** et sont les mêmes pour tous les verbes : -ai, -as, -a, -ons, -ez, -ont.

je regarderai
tu regarderas
il/elle/on regardera
nous regarderons
vous regarderez
ils/elles regarderont

Exercices interactifs

DÉFI

- **Trouve tous les verbes conjugués au futur dans le texte de la page ci-contre.**
Indice : il y en a 17 !

6 Ma devise et mon blason

Au Moyen Âge, les chevaliers portaient des armures qui recouvraient l'ensemble de leur corps, y compris leur visage. Pour les reconnaître et savoir à quelle famille ils appartenaient, il existait un indice : la décoration de leur écu (bouclier). En effet, chaque famille noble possédait son propre blason, souvent accompagné d'une inscription en latin.

Qu'est-ce qu'un blason ?

• **Si tu ne la connais pas, tu peux chercher dans un dictionnaire la définition du mot « blason ».**

Un blason est ....

....

....

....

....

Le blason de Paris

Connais-tu le blason de la ville de Paris ? D'abord, prends le temps de l'observer en détail. Ensuite, les questions ci-dessous t'aideront à comprendre ce qu'il exprime.

• **De quels arbres viennent les branches à droite et à gauche du blason ? Que symbolisent-ils ?** → Test p. 30, question 1.

– Branche de gauche (arbre) : .... Symbolique associée : ....

– Branche de droite (arbre) : .... Symbolique associée : ....

• **Quel objet associé à la monarchie reconnais-tu au-dessus du blason ?**

....

• **Quelles sont les deux couleurs dominantes sur le blason ?**

Couleur 1 : .... → couleur des rois (pigment très cher)

Couleur 2 : .... → couleur de la Passion du Christ (sang)

• **Dans quel symbole de la République retrouve-t-on ces deux couleurs ?**

....

Culture + ÉTYMOLOGIE

Fluctuat nec mergitur : cette expression latine est la **devise** de la ville de Paris. Elle fait référence au navire représenté sur le blason de la ville. Elle signifie « Il est battu par les flots mais il ne sombre [coule] pas », en référence au fait que la ville a su se relever de toutes ses épreuves au fil de l'Histoire.

Si tu créais ton blason ?

Il te suffit de suivre les étapes. N'hésite pas à puiser des idées dans les encadrés ci-contre !

1 D'abord, choisis tes couleurs :

☐ or ☐ rouge ☐ vert ☐ jaune
☐ argent ☐ violet ☐ bleu

Autre(s) couleur(s) de ton choix : ....

Pourquoi as-tu choisi celles-ci ?

....
....
....
....
....
....

2 Ensuite, choisis l'objet ou les objets qui vont composer ton emblème.

....

3 Enfin, tu peux rédiger ta devise.

....

4 Et maintenant… si tu dessinais ton blason ?

Les couleurs au Moyen Âge

Chacune avait sa **symbolique**…

- **Métal or** : audace, supériorité.
- **Métal argent** : sagesse, richesse.
- **Rouge** : amour.
- **Violet** : largesse, souveraineté.
- **Bleu** : fidélité, persévérance, loyauté.
- **Jaune** : tristesse, humilité.
- **Vert** : liberté, joie, santé, espoir, honneur.

Toutes sortes d'emblèmes

L'**emblème** représente une **idée**, une **valeur**, une **caractéristique**. Il peut être constitué d'**un ou plusieurs éléments** (formes, objets, etc.) et d'une ou plusieurs couleurs.

Tu en connais sans doute quelques-uns :

- l'emblème des **Jeux olympiques** : 5 anneaux de couleurs différentes (pour les 5 continents) ;
- l'emblème de la **paix** : la colombe ;
- l'emblème de la **lutte contre le sida** : le ruban rouge.

À chacun sa devise !

La **devise** est une formule qui **exprime une pensée, une idée.** Tu peux reprendre une citation que tu aimes (une phrase lue dans un livre, entendue dans un film, ou même… découverte dans ce carnet !) ou l'inventer !

7 Lettre à un de mes proches

Dans cette deuxième partie, tu as mené une réflexion sur les concepts de famille et d'amitié, sur la signification personnelle que tu leur donnes et sur les relations que tu entretiens avec les autres. Que dirais-tu à présent de t'adresser directement à une personne de ton entourage ?

Tu peux t'adresser à qui tu le souhaites : un parent plus ou moins proche, un(e) ami(e) d'enfance, un(e) camarade de classe… c'est TA lettre ! Laisse parler ta plume !

Coup de pouce

Quelques idées pour te lancer !

- Tu peux rappeler à la personne votre rencontre / évoquer un événement que vous avez vécu ensemble / envisager des projets avec elle…
- Si tu ne te souviens plus des règles de présentation de la lettre privée, rendez-vous à la page 28 de ton carnet !

JE FAIS LE POINT

Quiz

QCM interactif — Flash Card

Encore une partie achevée !
Tu peux être fièr(e) de ton implication !
À ce niveau de l'aventure, tu as forcément développé tes capacités d'analyse et d'écriture, et tu as progressé en langue.

Tu paries ?

1 Marcel Pagnol a écrit une trilogie autour de sa propre vie. Le premier tome s'appelle :

- □ *La Gloire de ma mère.*
- ◇ *La Gloire de mon père.*
- ○ *La Gloire de ma vie.*

2 Les plus anciens mots du monde sont :

- □ les prénoms.
- ○ les surnoms.
- ◇ les noms.

3 Qui était Frida Kahlo ?

- ○ Une célèbre inventrice de chauffages.
- □ Une auteure de théâtre.
- ◇ Une artiste peintre.

4 Qu'est-ce qu'un argument ?

- □ Un exemple.
- ◇ Une preuve.
- ○ Un légume.

5 Si je veux exprimer une action achevée, j'utilise :

- □ l'imparfait.
- ○ le futur de l'indicatif.
- ◇ le passé composé.

6 Dans la phrase « J'adore ce carnet ! », le mot « ce » s'écrit ainsi car :

- □ il est précédé d'un verbe.
- ◇ il est suivi d'un nom.
- ○ il est suivi d'un verbe.

7 Quel est le livre le plus traduit au monde ?

- □ *Le Petit Prince.*
- ○ *Le Livre de la jungle.*
- ◇ *La Bible.*

8 Complète cette expression : « On ne choisit pas sa famille, on choisit…

- □ ses copains. »
- ◇ ses amis. »
- ○ ses ennemis. »

9 Quelle est la devise latine de la ville de Paris ?

- □ *Le navirus tangus mais ne coulus pas.*
- ◇ *Fluctuat nec mergitur.*
- ○ *Cric cric glou glouglou.*

10 La formule de conclusion d'une lettre s'appelle aussi :

- □ la formule finale.
- ◇ la formule de politesse.
- ○ la formule magique.

Tu as une majorité de…

◆ ***Bravo :*** tu as énormément progressé ! Tu peux passer à la suite en toute sérénité !

■ ***Super :*** tu as déjà beaucoup appris. N'hésite pas à relire cette seconde partie si tu en ressens le besoin et/ou l'envie !

● ***Oups :*** aurais-tu lu ce carnet à l'envers ?!?

Test 3 Nous n'apprenons pas pour l'école mais pour la vie…*

* *Non scholae, sed vitae (discimus).* Citation attribuée au philosophe romain Sénèque.

1 La principale raison qui te pousse à te lever pour aller à l'école le matin, c'est :

- ta soif d'apprendre : tu veux découvrir le monde.
- tes parents : ils ne te laissent pas le choix.
- tes ami(e)s : les retrouver chaque jour, c'est le bonheur.
- tes profs : ils t'encouragent tellement.

2 Quelle est la matière que tu préfères ?

- Le français : la langue de Molière n'a aucun secret pour toi.
- L'histoire-géographie : Jean Jaurès est ton héros.
- Les mathématiques : Thalès et Pythagore sont tes amis.
- Les sciences : tu es le futur Einstein.

Scène d'école, art romain IIIe siècle après Jésus-Christ, relief funéraire de Neumagen, Trèves, Rhénanie-Palatinat.

3 À la rentrée, tu te retrouves dans une classe que tu détestes. Tu adoptes une attitude…

- positive : cela ira mieux dans quelques jours.
- indifférente : tu passes toutes tes pauses avec tes ami(e)s qui sont dans d'autres classes.
- hautaine : tu ne parles à personne.
- déprimée : tu restes dans ton coin, c'est trop injuste !

4 En classe, tu es plutôt :

- Dormeur : près du chauffage, tu te sens bien.
- Joyeux : tu es toujours content(e) d'apprendre.
- Grincheux : tu n'as pas envie d'y être.
- Prof : tu connais déjà la plupart des réponses.

5 Quand tu travailles dans une matière, c'est parce que :

- tu as envie d'apprendre.
- tu aimes bien ton/ta professeur(e).
- tu veux faire plaisir à tes parents.
- tu veux avoir une bonne note.

6 **Lors des cours, tu prends la parole à l'oral de façon :**

- ❍ régulière : tu as envie de faire vivre le cours.
- ❍ épisodique : une fois de temps en temps pour éviter les remarques.
- ❍ timide : tu as peur de donner une mauvaise réponse.
- ❍ rarissime : il faut vraiment que tu y sois forcé(e) !

7 **La veille d'une évaluation, l'adjectif qui définit le mieux ton état d'esprit, c'est :**

- ❍ serein : tu as bien révisé, donc tu vas y arriver.
- ❍ stressé : et si tu oubliais tout d'ici demain ?
- ❍ nonchalant : on verra bien…

8 **Quand tu reçois ta copie, ce que tu regardes en premier, c'est :**

- ❍ la note.
- ❍ l'appréciation de l'enseignant(e).
- ❍ les réponses correctes que tu as données.
- ❍ les mauvaises réponses que tu as données.

9 **L'adjectif qui définit le mieux ton rapport à l'école, c'est :**

- ❍ monotone : tu trouves qu'on répète trop souvent la même chose.
- ❍ angoissant : tu ressens de la peur, tu ne te sens pas dans ton univers.
- ❍ contraignant : tu n'as pas le choix, c'est un passage obligé.
- ❍ exaltant : tu apprends chaque jour de nouvelles choses et cela te fait évoluer.

10 **Parmi ces citations, laquelle correspond le mieux à ta vision de l'école :**

- ❍ « Celui qui ouvre une porte d'école ferme une prison. »
  V. Hugo (auteur français)
- ❍ « L'école devrait toujours avoir pour but de donner à ses élèves une personnalité harmonieuse, et non de les former en spécialiste. »
  A. Einstein (physicien allemand)
- ❍ « L'école, c'est crucial : le début détermine la fin. » Abd Al Malik (rappeur et compositeur français)
- ❍ « On va à l'école pour développer sa raison, pour réfléchir par soi-même, pour développer une pensée autonome. »
  E. Badinter (philosophe française)

Photographie du film ***Entre les murs*** (2008), réalisé par Laurent Cantet.
Adaptation cinématographique du roman de François Bégaudeau.

1 Jour de rentrée

Il est temps d'aborder un sujet qui occupe une grande partie de ton temps : l'école. C'est le lieu où tu prépares ton avenir professionnel, où tu apprends à t'ouvrir au monde, à te construire comme citoyen(ne). La rentrée des classes est souvent un moment important, une nouvelle étape, parfois un nouveau départ…

Mène l'enquête… littéraire !

Dans l'incipit* de son roman *Madame Bovary*, Gustave Flaubert revient sur un épisode marquant de l'enfance de Charles Bovary (le mari de l'héroïne, Emma).

- **Repère les personnages, les lieux, l'époque et découvre l'intrigue grâce aux indices laissés dans le texte !**

Culture + ÉTYMOLOGIE

* Le mot « **incipit** » vient d'un verbe latin qui signifie « commencer ». Il désigne le début d'une œuvre littéraire.

C'est à toi !

« Le nouveau »

Nous étions à **l'Étude**, quand **le Proviseur** entra suivi d'un *nouveau*, **habillé en bourgeois** […].

– Levez-vous, dit **le professeur**.

Il se leva ; sa casquette tomba. Toute **la classe** se mit à rire. Il se baissa pour la reprendre. Un voisin la fit tomber d'un coup de coude, il la ramassa encore une fois.

– Débarrassez-vous donc de votre casque, dit le professeur, qui était un homme d'esprit.

Il y eut un rire éclatant des écoliers qui décontenança le pauvre garçon, si bien qu'il ne savait s'il fallait garder sa casquette à la main, la laisser par terre ou la mettre sur sa tête. Il se rassit et la posa sur ses genoux.

– Levez-vous, reprit le professeur, et dites-moi votre nom.

Le *nouveau* articula, d'une voix bredouillante, un nom inintelligible.

– Répétez !

Le même bredouillement de syllabes se fit entendre, couvert par les huées de la classe.

Gustave Flaubert, ***Madame Bovary***, 1857.

Audio — Gustave Flaubert, *Madame Bovary*. hachette-clic.fr/21frbp013

Le lieu — Où ? ……………………………………

Les personnages — Qui ? ……………………………………

L'époque — Quand ? ……………………………………

L'intrigue — Quoi ? ……………………………………

Le passé simple

- Le passé simple est un **temps du passé** qu'on n'utilise plus vraiment de nos jours à l'oral. Dans un récit au passé, il exprime l'idée d'une **action brève et soudaine**.
- Les terminaisons du passé simple varient selon le groupe du verbe, mais on retrouve toujours un accent circonflexe aux deux premières personnes du pluriel.

j'écout**ai**
tu écout**as**
il/elle/on écout**a**
nous écout**âmes**
vous écout**âtes**
ils/elles écout**èrent**

Exercices interactifs

Tes impressions…

- **Essaie de te remémorer ta dernière rentrée… Qu'as-tu ressenti ? Quelles ont été tes premières impressions ? Pour t'aider dans ce petit exercice de mémoire, tu peux remplir la carte mentale ci-dessous.**

La **carte mentale** est une sorte de **schéma** qui permet d'**organiser** des idées, des informations, etc., et d'avoir une **vision d'ensemble** d'un sujet. C'est un outil que tu peux personnaliser, en utilisant des couleurs, des symboles, etc. C'est un **support visuel** très efficace pour **apprendre** et **mémoriser** !

Ma dernière rentrée

Ce que j'ai ressenti à la fin de la journée
- ……………………………………
- ……………………………………
- ……………………………………
- ……………………………………

Ce que j'ai ressenti avant d'entrer dans la salle
- ……………………………………
- ……………………………………
- ……………………………………
- ……………………………………

Ce que je me souviens avoir pensé du professeur principal
- ……………………………………
- ……………………………………
- ……………………………………
- ……………………………………

Ce que je me souviens avoir pensé de mes camarades de classe
- ……………………………………
- ……………………………………
- ……………………………………
- ……………………………………

… et celles des autres

- **D'après toi, qu'ont pu penser les autres élèves de toi, de ton attitude le jour de la rentrée ?**

……………………………………………………………………………

……………………………………………………………………………

……………………………………………………………………………

……………………………………………………………………………

……………………………………………………………………………

DÉFI

- **Peux-tu retrouver les cinq verbes à l'impératif dans le texte de la page 54 ? N'hésite pas à revoir le point langue** → p. 27 **!**

1. …………………… • 2. …………………… • 3. ……………………

4. …………………… • 5. ……………………

- **Peux-tu retrouver quelques verbes conjugués au passé simple dans ce texte ?**

2 Mes notes

Comment t'organises-tu pour réviser ? Comment réagis-tu la veille d'un devoir sur table ? Pour toi, le plus important, c'est la note ou la progression ?
Voici quelques activités pour faire le point sur ta démarche d'apprentissage et trouver des méthodes qui te conviennent.

Un petit test pour commencer

- **Réponds à chacune de ces questions librement, sans pression ni jugement sur toi-même.**

	OUI	NON
• J'aime l'école.	○	○
• J'aime bien apprendre mais ça dépend du prof.	○	○
• Avoir 7 heures de cours par jour, c'est trop long !	○	○
• Avoir de bonnes notes, c'est important.	○	○
• Je ne comprends pas l'intérêt des notes.	○	○
• Si j'ai une mauvaise note, ça veut dire que je suis nul(le).	○	○
• Les appréciations des enseignants sont très importantes pour moi.	○	○

Souvenirs d'écolier…

Dans son livre autobiographique *Chagrin d'école*, Daniel Pennac se souvient de ses années d'écolier. Dans cet extrait, il évoque une lettre qu'il avait écrite à sa mère à l'époque où il était en pension.

« Lettre de pension »

Audio
hachette-clic.fr/21frbp014
Daniel Pennac, *Chagrin d'école*.

Je fouille le fatras de mes vieux papiers à la recherche de mes bulletins scolaires et de mes diplômes, et je tombe sur une lettre conservée par ma mère. Elle est datée de février 1959.
J'avais quatorze ans depuis trois mois. J'étais en quatrième. Je lui écrivais de ma première pension :

Ma chère Maman,

Moi aussi j'ai vu mes notes, je suis écœuré, j'en ai plein le dot [sic], quand on en est venu au point de travailler 2 h sans arrêt pendant une étude pour récolter un 1 à un devoir d'algèbre que l'on croillait [sic] bon il y a de quoi être découragé, aussi ais-je [sic] tout laché [sic] pour réviser mes examens et mon 4 en application explique sûrement la révision de mon examen de géologie pendant mon cour [sic] de math,*

[etc.]

Je ne suis pas assez intelligent et travailleur pour continuer mes études. Ça ne m'intéresse pas, j'attrape mal au crane [sic] à rester enfermer [sic] dans la paperasse, je ne comprend [sic] rien à l'anglais, à l'algèbre, je suis nule [sic] en orthographe, que reste-t-il ?

Daniel Pennac, *Chagrin d'école*, Gallimard, 2007.

* ***Sic*** signifie « ainsi » en latin. Dans ce texte, quand il apparaît entre crochets derrière un mot, cela veut dire que ce mot comporte une erreur présente dans la version originale de la lettre et qui n'a pas été corrigée.

- Quels sentiments et émotions cette lecture suscite-elle chez toi ? Pourquoi ?

....

....

....

....

....

Que penses-tu des notes ?

- D'après toi, les notes à l'école sont-elles le reflet de la valeur d'une personne ? ☐ Oui ☐ Non

Pourquoi ? ....

....

....

....

....

....

....

....

....

DÉFI

- **Et si le prof, c'était toi ? Serais-tu capable de corriger les neuf erreurs faites par Daniel Pennac dans cette lettre ? Pour chaque erreur, nous te donnons un indice !**

■ : erreur orthographique ■ : erreur grammaticale (accord, forme verbale…)

l. 7 Ce mot qui désigne une partie du corps s'écrit : ....

l. 9 Le verbe « croire » à l'imparfait, 3e personne du singulier, s'écrit : (on) ....

l. 9 Au présent, 1re personne du singulier, l'auxiliaire « avoir » se conjugue : j'.......... .
Et si tu inverses le pronom et l'auxiliaire, tu obtiens : ....- je .

l. 10 Le participe passé du verbe « lâcher » est : ....

l. 11 L'orthographe correcte de ce mot est : ....

l. 14 Ce mot qui désigne une partie du corps s'écrit : ....

l. 14 Le participe passé du verbe « enfermer » au masculin singulier s'écrit : ....

l. 15 Au présent, à la 1re personne du singulier, le verbe « comprendre » se conjugue : je ....

l. 15 Au masculin singulier, cet adjectif s'écrit : ....

Coup de pouce

As-tu eu des difficultés pour corriger certains mots du texte ? Dans la page suivante, tu trouveras des outils pour éviter de faire des erreurs à l'écrit !

Ta boîte à outils

Traquer les erreurs à l'écrit

Peut-être fais-tu parfois (souvent ?) des erreurs à l'écrit ? Rassure-toi, cela nous arrive aussi, et pourtant nous sommes toutes les deux professeures de français ! Pour se relire efficacement et pouvoir se corriger, il existe une méthode simple. Ce n'est pas une méthode miracle mais une série de réflexes à acquérir pour repérer et corriger ses erreurs !

Je relis et corrige mon texte

1 Accords
→ Je vérifie **tous les types d'accords** : sujet-verbe, féminin ou masculin, singulier ou pluriel…

2 Verbes
→ Je cherche les verbes puis je vérifie leurs **terminaisons** (personne, temps).

3 Homophones
→ Je repère les homophones (a/à, et/est, on/ont, etc.) et je vérifie leur **orthographe** avec un outil mnémotechnique.
→ Fiche méthode 1, Les homophones, p. 88.

4 Ponctuation
→ Je contrôle **le début et la fin des phrases** (majuscule, signe de ponctuation).
→ Je lis le texte **en marquant la ponctuation** et je vérifie qu'il y a bien des pauses dans les phrases (virgules ou autres signes de ponctuation adaptés).

5 Vocabulaire
→ Je fais le tour des **mots que je connais** pour vérifier leur **orthographe**. Si je peux, j'utilise un **dictionnaire**.

DÉFI

- **Sauras-tu repérer les cinq erreurs qui se sont glissées dans cette phrase en t'aidant de la méthode ci-dessus ?**

« Depuis que j'ai commencer se carnet, je m'améliore

....

beaucoup en français est je prend du plésir à progresser ! »

....

Depuis que j'ai commencé **ce** carnet, je m'améliore beaucoup en français **et** je prends du plaisir à progresser !

Coup de pouce

Tu peux surligner les erreurs que tu repères et réécrire les mots correctement en dessous.

« Yes you can! »

- **Tu connais le fameux slogan ! Voici deux affirmations, chacune accompagnée d'une petite explication, qui nous paraissent essentielles. Et toi, qu'en penses-tu ?**

1 Tes notes ne te définissent pas !

Une note ne définit pas une personne : quand un élève reçoit une note pour un travail réalisé, ce n'est **pas lui en tant qu'individu qui est évalué, mais le résultat du travail qu'il a fourni à un moment précis.**

Es-tu d'accord avec cette affirmation ?
○ Oui ○ Non

2 Personne n'est nul(le) !

On dit qu'on est « nul(le) » quand **on se sent incapable d'accomplir une tâche.** On a alors perdu confiance en soi. Mais l'essentiel, c'est de **faire de son mieux**… Personne n'est parfait !

As-tu déjà pensé, au moins une fois dans ta vie, que tu étais nul(le) dans un domaine ?
○ Oui ○ Non

3 Booste ta confiance en toi !

Désormais, s'il t'arrive de manquer de confiance en toi, prononce à voix haute ces trois phrases. Tu peux même les apprendre par cœur et te les répéter chaque matin face à ton miroir !

« ***J'ai confiance en moi et je peux y arriver !*** »

« ***Je fais de mon mieux et c'est le principal !*** »

« ***J'ai le droit de me tromper : l'erreur, c'est seulement un essai !*** »

Dix ans plus tard…

- **Imagine ce qu'est devenu le narrateur du texte *Chagrin d'école* (→ p. 56) dix ans après avoir écrit cette lettre à sa mère.**

Coup de pouce

- Pour créer ton texte, tu peux te poser les questions suivantes : Quel a pu être le parcours scolaire du narrateur ? A-t-il aujourd'hui un métier ? Lequel, d'après toi ? N'oublie pas de te relire en suivant notre méthode (→ p. 58) !

....

....

....

....

....

....

....

....

....

....

....

....

3 Ma façon de travailler

Apprendre, ça s'apprend ! Voici quelques activités qui te permettront de mieux connaître le fonctionnement de ton cerveau et de ta mémoire et qui t'aideront à trouver tes propres méthodes de travail.

Quel est ton type de mémoire ?

« Hier je connaissais le cours par cœur mais aujourd'hui j'ai tout oublié ! »… As-tu déjà prononcé ces paroles en sortant d'une évaluation ? C'est normal : ton cerveau est une véritable machine à apprendre, mais il te faut connaître son mode d'emploi ! Sais-tu, par exemple, qu'il existe trois grands types de mémoires ?

- **Fais le test pour découvrir le tien !**

1 Pour apprendre un cours :

- ○ tu le recopies (une ou plusieurs fois) ou tu fais des fiches.
- ○ tu le lis (une ou plusieurs fois) à voix haute ou à voix basse.
- ○ tu as du mal à rester en place et tu changes souvent de position (tu bouges, tu marches…).

2 Pour retrouver une règle de grammaire :

- ○ tu te rappelles les paroles de ton/ta professeur(e) de français.
- ○ tu visualises la page de ton cahier où tu l'as notée.
- ○ tu te rappelles où tu te trouvais et ce que tu faisais quand tu l'as entendue.

3 Pour retrouver l'orthographe d'un mot :

- ○ tu as besoin de l'écrire.
- ○ tu dois l'épeler.
- ○ tu le visualises.

4 Quand ton/ta professeur(e) te dit d'ouvrir ton manuel à une page précise :

- ○ tu te répètes le numéro de la page jusqu'à ce que tu la trouves.
- ○ tu mouilles ton index pour mieux accrocher les pages.
- ○ tu tournes les pages en regardant les numéros écrits en bas.

5 Quand tu penses à un(e) de tes ami(e)s d'enfance :

- ○ tu te souviens plutôt des traits de son visage.
- ○ tu te souviens des activités que vous faisiez ensemble.
- ○ tu te souviens plutôt de sa voix.

6 Un(e) ami(e) te donne rendez-vous et t'explique comment venir chez lui/elle :

- ○ tu écoutes et te répètes le trajet.
- ○ tu prends des notes ou tu regardes sur un plan.
- ○ tu t'imagines en train de faire le trajet et traverses mentalement les endroits par lesquels tu vas passer.

7 Quand tu dois te souvenir d'un code numérique :

- ○ tu te répètes les chiffres dans ta tête.
- ○ tu visualises les chiffres.
- ○ tu te rappelles du code en le composant !

8 Tu racontes à un(e) de tes ami(e)s le dernier film que tu as vu :

- ○ tu revois les images du film dans ta tête pendant que tu parles.
- ○ certaines répliques du film te reviennent aussitôt à l'esprit.
- ○ tu te mets à mimer l'action et/ou tu fais des gestes pour accompagner tes paroles.

- **Prends le temps d'analyser le résultat de ton test et découvre les conseils qui correspondent à ton profil.**

Tu as une majorité de…	Conseils
Tu as une mémoire plutôt visuelle • Tu apprends principalement à l'aide de ta **vue**. • Tu retiens mieux **ce que tu vois et écris**.	• En cours, prends un maximum de **notes** et **recopie** les informations inscrites au tableau. • Pour mémoriser, fais des **schémas**, utilise des **surligneurs** pour les informations importantes, etc.
Tu as une mémoire plutôt auditive • Tu apprends principalement à l'aide de ton **ouïe**. • Tu retiens mieux **ce que tu entends**.	• Écoute **attentivement en classe** car c'est le moment clé où **ton cerveau enregistre les informations** ! • Pour mémoriser, **relis** ton cours à voix basse ou haute, **enregistre-toi**, **réécoute** ton cours plusieurs fois, **récite** ta leçon à quelqu'un, etc.
Tu as une mémoire plutôt kinesthésique • Tu apprends principalement à l'aide de ton **corps entier**. • Tu retiens mieux en associant à tes souvenirs **un ressenti, une ambiance ou un mouvement**.	• Évite les bavardages et les bruits parasites **qui peuvent perturber ta mémorisation**. • Pour mémoriser, recopie tes cours, fais des **déplacements** ou des **gestes** quand tu révises, etc.

Tu veux un scoop ?

En fait, tu possèdes les trois types de mémoires, mais l'une d'entre elles est peut-être dominante chez toi ! Tu peux essayer de **mobiliser les trois en même temps** quand tu révises.

- **Tout en marchant, essaie de relire à voix haute une fiche que tu as créée toi-même** : le top pour faciliter la mémorisation !
- Pense à la **méthode tuto !** Tu peux apprendre ou réviser **en écoutant des tutoriels vidéo** sur Internet. Tu peux même en réaliser !

Ta boîte à outils

Des moyens mnémotechniques pour mémoriser

- Le mot « **mnémotechnique** » vient du mot grec μνήμη (« mnémé »), qui signifie « **souvenir** », « **mémoire** ».
- Les moyens mnémotechniques sont des **techniques** qui permettent de **mémoriser facilement** une information (une règle de grammaire, de mathématiques, etc.).
- Il peut s'agir d'une **association d'idées**, d'une **phrase inventée**, d'une **image**, etc.

Exemples :

– La phrase « **Mais où est donc Ornicar ?** » permet de retenir les principales conjonctions de coordination (**mais, ou, et, donc, or, ni, car**).
– L'**hirondelle** prend **deux l** car elle a besoin de ses deux ailes pour voler.
– « **Toujours** » a toujours un **s** !

DÉFI

- **Pour retenir l'ordre des huit planètes du système solaire (en partant du Soleil), tu peux utiliser cette phrase :**

  « Me Voici Tout Mouillé : Je Suis Un Nuage ! »

- **Repère l'astuce utilisée :**

  ……………………………………………………………

  ……………………………………………………………

- **Cite les huit planètes dans l'ordre :**

…………………	…………………
…………………	…………………
…………………	…………………
…………………	…………………

As-tu trouvé ton mode d'organisation ?

Mémoriser les informations, c'est essentiel, mais la mémoire ne fait pas tout ! Pour travailler à la fois sereinement et efficacement, il est important d'être organisé(e).

ÉTAPE 1 Fais le point sur tes activités

1. **Fais-tu des activités extrascolaires (en dehors de l'école) ?** ◯ oui ◯ non

   Lesquelles ? Note le nombre d'heures entre parenthèses. ....

2. **Passes-tu du temps devant les écrans (télé, ordinateur, tablette, smartphone…) ?** ◯ oui ◯ non

   Combien d'heures par jour environ ? ....

3. **Travailles-tu à la maison (devoir, cours, révision…) ?** ◯ oui ◯ non

   Combien d'heures par jour environ ? ....

4. **As-tu des impératifs qui reviennent chaque semaine (code, conduite, rendez-vous chez l'orthophoniste…) ?** ◯ oui ◯ non

   Quand ? Combien de temps ? ....

ÉTAPE 2 Répartis tes activités dans ta semaine

Crée ton code couleur :

☐ Cours ☐ Activités extrascolaires ☐ Rendez-vous
☐ Devoirs (travail à la maison) ☐ Écrans

	LUNDI	MARDI	MERCREDI	JEUDI	VENDREDI	WEEK-END
	Réveil : ...... h	Réveil : ...... h	Réveil : ...... h	Réveil : ...... h	Réveil : ...... h	
8 h-9 h						
9 h-10 h						
10 h-11 h						
11 h-12 h						
12 h-13 h						
13 h-14 h						
14 h-15 h						
15 h-16 h						
16 h-17 h						
17 h-18 h						
	Retour maison : ...... h	Retour maison : ...... h	Retour maison : ...... h	Retour maison : ...... h	Retour maison : ...... h	
Soir						
	Coucher : ...... h	Coucher : ...... h	Coucher : ...... h	Coucher : ...... h	Coucher : ...... h	

ÉTAPE 3 Analyse ton organisation

- As-tu assez de temps, dans la semaine, pour faire tes devoirs, apprendre tes leçons, réviser, etc. ?
  ○ oui ○ non
- Quelles autres observations peux-tu faire en examinant ton emploi du temps ?

....

....

....

- Selon toi, y a-t-il des choses à améliorer dans ton organisation ? ○ oui ○ non

Lesquelles ? ....

....

....

Crée ton « mode d'emploi » !

Maintenant que les notions de mémorisation et d'organisation n'ont plus de secret pour toi, c'est le moment de faire le bilan !

- **En répondant à ce dernier questionnaire, tu obtiendras une fiche méthode personnalisée, que tu pourras utiliser au quotidien.**

Quand ? Les moments où j'effectue mon travail scolaire.

Le moment de la journée où je préfère travailler :

- Dès que je rentre à la maison. ○
- Après le repas du soir. ○
- Le matin, quand je me lève tôt. ○

Les moments de la semaine où je prends de l'avance sur mon travail :

- Le week-end pour être tranquille dans la semaine. ○
- Le mercredi après-midi pour être tranquille le week-end. ○
- La veille de chaque échéance. ○

Où ? Le ou les lieux dans lesquels je peux travailler.

- Au lycée (étude, CDI…). ○
- À la maison (chambre, salon…). ○
- À la médiathèque. ○

Comment ? La façon de travailler qui me convient le mieux.

- Je relis mes cours, j'écoute des tutos, des vidéos… ○
- Je réécris mes cours en faisant des fiches de révisions ou des cartes mentales. ○
- Je refais les exercices réalisés en classe. ○

Qui ? Les personnes ressources pour m'aider dans mon travail.

- Ma famille. ○
- Mes camarades de classe. ○
- Mes enseignants. ○

4 Mon expérience sur le terrain

Pendant tes études, des semaines de formation en entreprise sont prévues. Lors de ces « stages » (que l'on appelle PFMP), tu te familiarises avec le monde de l'entreprise, tu découvres des activités professionnelles, tu apprends à travailler en équipe, etc. Ces premières expériences te permettent aussi de réfléchir au métier que tu souhaiterais exercer, aux domaines qui t'intéressent, à tes projets, etc.

Si on te dit « stage », tu penses…

- ◯ « Cool, un nouveau projet en perspective ! »
- ◯ « J'espère que je vais y arriver… »
- ◯ « Hâte de découvrir ce métier et de voir s'il me correspond ! »
- ◯ « La flemme : travailler 35 heures par semaine en entreprise… »
- ◯ « OMG : je vais devoir rencontrer des inconnus ! »
- ◯ « Enfin, je vais pouvoir exercer vraiment le métier que j'aime ! »

Autre : ....

Drôle de stage !

- **Premier jour de stage pour le jeune Walter Appleduck ! Un démarrage plutôt particulier pour cet apprenti cow-boy… Découvre son premier contact avec son maître de stage !**

Erre Fabrice, Fabcaro, *Walter Appleduck*, tome 1 « Cow-boy stagiaire », Éditions Dupuis, 2019.

Coup de pouce

Te souviens-tu du vocabulaire de la bande dessinée ? Voici un rappel de quelques éléments essentiels !

- **Planche** : page entière de BD.
- **Bande** : ligne horizontale composée d'une ou plusieurs images.
- **Vignette** : case d'une BD délimitée par un cadre.
- **Bulle** : forme qui contient les paroles ou les pensées des personnages.

Dans la peau de Walter Appleduck

- **Et si ce jeune stagiaire cow-boy, c'était toi ? Quel aurait été ton ressenti lors de ce premier contact et comment aurais-tu réagi ? Plonge-toi dans l'atmosphère décalée de cette scène pour écrire ton texte.**

À la place de Walter Appleduck, je me serais senti(e) ……………………………………………

Mène l'enquête… de bulle en bulle !

Tu as déjà mené l'enquête dans plusieurs textes littéraires. Et si tu te confrontais maintenant au genre de la bande dessinée ?

- **Relis la planche de BD (→ p. 64) et trouve des indices concernant le lieu, les personnages, l'époque et l'intrigue.**

Le lieu

Les personnages

L'époque

L'intrigue

Des personnages hauts en couleur !

- **Après avoir relu cette planche, si tu devais qualifier l'attitude du maître de stage de Walter Appleduck, tu dirais qu'il est :**

☐ sérieux. ☐ rassurant. ☐ effrayant. ☐ ponctuel. ☐ impoli.
☐ incompétent. ☐ accueillant. ☐ inhospitalier. ☐ poli. ☐ amusant.

- **Utilise les adjectifs que tu as choisis pour décrire son attitude en quelques lignes.**

....
....
....
....
....
....
....
....

- **Si tu devais décrire le stagiaire Appleduck, tu dirais qu'il est :**

☐ sérieux. ☐ motivé. ☐ retardataire. ☐ impoli.
☐ ponctuel. ☐ bavard. ☐ poli. ☐ démotivé.

- **Utilise les adjectifs que tu as cochés pour le décrire en quelques lignes.**

....
....
....
....
....
....
....

Ta boîte à outils

Les types de compétences

Lorsque tu effectues une période de formation en entreprise, tu dois te fixer des **objectifs,** c'est-à-dire des **compétences à acquérir**. Souvent, c'est un travail que tu fais en concertation avec tes professeur(e)s. Il existe deux catégories de compétences :

- **les compétences sociales et comportementales :** s'intégrer dans un groupe, respecter des horaires, communiquer clairement, gérer ses émotions… ;
- **les compétences professionnelles** : maîtriser une technique, connaître un domaine, utiliser un vocabulaire spécifique…

Spécialité « cow-boy » !

Dans le cadre de son « Master Cow-Boy », Walter Appleduck doit effectuer un stage sur le terrain en vue d'acquérir des compétences.

- **Joue le jeu : imagine les compétences requises pour être un cow-boy professionnel et remplis les grilles ci-dessous !**

Compétences sociales et comportementales

- **Respecter les horaires de l'entreprise.**

– ....

– ....

– ....

Compétences professionnelles

- **Être capable de tenir sur un cheval trois heures de suite.**

– ....

– ....

– ....

- **Tu as envie de poursuivre l'aventure avec Walter Appleduck ? Imagine la suite de l'histoire ! Walter est en stage depuis maintenant une semaine. Un soir, il raconte sa journée à ses parents ou dans son journal de bord…**

Coup de pouce

- Imagine les activités qu'il a réalisées, ce qu'il a pensé des situations et comment il a réagi.
- Reste dans le ton et l'univers décalé, voire absurde, de cette BD.

5 Ma recherche de stage

Dans les deux précédentes parties, tu as (re)vu comment rédiger une lettre privée. Il est temps d'apprendre à rédiger un mail professionnel. En effet, de plus en plus d'entreprises demandent aux élèves de rédiger leur demande de stage par voie numérique (par mail). Suis le guide !

Ta boîte à outils

Les points clés de ta lettre de motivation

1. **Qui es-tu ?**
   – Ton parcours scolaire
   – Ton niveau actuel (CAP, 2de, 1re, Tle)
   – Tes expériences (stages, emplois saisonniers…)
2. **Tes motivations**
   – Pourquoi as-tu choisi cette entreprise ?
3. **Tes atouts**
   – Tes points forts pour ce stage (maîtrise de l'informatique, autonomie, rigueur…)
4. **Ta période de stage**
   – La date de début du stage et sa durée
5. **Tes disponibilités pour un entretien**

Adresse mail du destinataire
→ Adresse de la **personne à qui tu dois envoyer** ta demande de stage.

Objet de ton mail
→ **Raison** de l'envoi de ton mail. Par exemple, ici : « Demande de stage ».

Corps du texte
→ **Lettre** de demande de stage.
– Elle débute par « Madame » ou « Monsieur ».
– Elle se termine par une formule de politesse et ta signature (par mail, indique juste ton nom et ton prénom) !
– Soigne ton expression, ton orthographe, ta présentation (par paragraphes).

N'oublie pas de **joindre ton CV** !

Culture + ÉTYMOLOGIE

CV est l'abréviation du nom latin *curriculum vitae*, qui signifie « déroulement de la vie ».

JE FAIS LE POINT

Quiz

QCM interactif · Flash Card

Troisième partie achevée !
Tu n'as pas uniquement progressé en français. Tu as aussi évolué personnellement, en faisant le point sur ton rapport à l'école et en amorçant une réflexion sur le milieu de l'entreprise.

Tu paries ?

1 Dans le roman *Madame Bovary* de Gustave Flaubert, que se passe-t-il quand le jeune Charles arrive dans sa nouvelle classe ?

□ Il ne se sent pas très à l'aise.
◇ Tout le monde se moque de lui.
○ Il est accueilli comme un héros.

2 Que signifie le mot « *sic* » en latin ?

□ Aussi.
○ Malade.
◇ Ainsi.

3 Qu'est-ce qu'une carte mentale ?

□ Une fiche pour réviser.
○ Une carte détaillée du cerveau.
◇ Un schéma pour mémoriser des notions.

4 Dans la BD *Walter Appleduck*, quel métier le stagiaire apprend-il ?

○ Boucher.
□ Shérif.
◇ Cow-boy.

5 Qu'est-ce qu'une planche dans une bande dessinée ?

□ Une image.
◇ Une page.
○ Un bout de bois.

6 Si un auteur veut exprimer une action brève dans le passé, il utilise :

□ le passé composé.
○ le futur.
◇ le passé simple.

7 Comment s'appelle l'autobiographie de Daniel Pennac consacrée à ses années d'école ?

□ *Tristesse d'école.*
○ *Vive l'école !*
◇ *Chagrin d'école.*

8 Qu'est-ce que la mémoire kinesthésique ?

□ Une mémorisation qui passe par le mouvement.
○ Une mémorisation qui passe par des massages de kinésithérapie.
◇ Une mémorisation qui passe par le corps et les sensations physiques.

9 Que signifie *curriculum vitae* ?

□ Cours de la vie.
◇ Déroulement de la vie.
○ Cours vite !

10 Lorsque tu rédiges un mail, dans la partie « objet », tu notes :

□ tout ce que tu as à dire.
◇ la raison de ton mail en quelques mots.
○ ton nom et ton prénom.

Tu as une majorité de…

◆ *BRAVO* : tu as énormément progressé ! Tu peux passer à la suite en toute sérénité !
■ *SUPER* : tu as déjà beaucoup appris ; n'hésite pas à relire cette troisième partie si tu en ressens le besoin et/ou l'envie !
● *OUPS* : aurais-tu lu ce carnet à l'envers ?!

IV Moi et le monde

Test 4

*Sois le changement que tu veux voir dans le monde**

* Citation de Gandhi, homme politique et philosophe indien militant pour la paix.

Des lycéens rassemblés devant un lycée parisien pour protester contre la loi Travail en 2016.

1 Pour toi, avoir 18 ans rime avec…

- ◯ liberté : tu peux passer le permis et te déplacer où et quand tu veux.
- ◯ choix : tu as le droit de voter.
- ◯ autonomie : tu peux gagner ta vie et vivre seul(e).

2 Parmi ces titres de livres, lequel correspond le mieux à ta perception du monde ?

- ◯ *La Guerre des mondes* (H. G. Wells).
- ◯ *Le Meilleur des mondes* (Aldous Huxley).
- ◯ *Le Monde perdu* (A. Conan Doyle).
- ◯ *Un monde sans fin* (Ken Follett).

3 Laquelle de ces citations te parle le plus ?

- ◯ « Ce qui va mal ce n'est pas le monde, c'est notre manière de le regarder. » (Henri Miller, romancier américain)
- ◯ « À notre époque de progrès, tout le monde est pressé, personne n'a le temps. » (Mère Teresa, prix Nobel de la paix)
- ◯ « *Carpe diem* » : « Cueille le jour présent sans te soucier du lendemain. » (Horace, poète latin)
- ◯ « Moi si je pouvais redessiner le monde, je le ferais à taille d'enfant. » (Daniel Picouly, écrivain français)

4 Avec des personnes qui n'ont pas le même avis que toi sur le monde, comment réagis-tu ?

- ◯ Tu cherches à les convaincre : tu argumentes et donnes des exemples précis pour défendre ta vision des choses.
- ◯ Tu tentes de les persuader : voix qui tremble et grands sentiments, tu veux les faire changer d'avis !
- ◯ Tu les ignores : pas la peine de discuter, cela ne sert à rien…

5 Pour toi, penser à l'avenir c'est :

- angoissant : tu détestes ne pas savoir ce qui t'attend.
- palpitant : chaque jour est une nouvelle aventure !
- intrigant : tu te poses beaucoup de questions.
- ennuyant : « métro-boulot-dodo », très peu pour toi !

6 Quand tu imagines ta vie future, tu la vois :

- organisée : tu sais exactement comment tu veux la mener.
- paisible : tu as envie de vivre à ton rythme.
- épanouie : tu vas faire ce que tu aimes et être heureux/heureuse.
- exaltante : tu vivras de grandes aventures.

7 Comment imagines-tu ta situation familiale dans dix ans ?

- En couple : tu rêves de trouver l'âme sœur.
- Célibataire : à toi la liberté et les voyages !
- Avec des enfants : tu as envie de transmettre.

8 Au niveau professionnel, tu te vois plutôt :

- salarié(e) : rien ne vaut la sécurité de l'emploi.
- chef(fe) d'entreprise : le/la boss, c'est toi !
- à ton compte : tu vas te créer une activité sur mesure.

9 Travailler, pour toi, ce sera :

- une passion.
- une obligation.
- une façon de t'occuper.

10 Un génie te propose d'exaucer un seul vœu pour l'avenir : tu veux…

- être heureux/heureuse tout simplement.
- vivre bien entouré(e) de ta famille et de tes amis.
- être riche et réussir ta vie professionnelle.
- que chaque jour de ta vie soit une surprise !

L'Onisep au Forum Post Bac des études supérieures et des métiers, palais des Expositions, Perpignan, 2020.

1 Mon entrée dans le monde des adultes

Te voici à la dernière étape de ton carnet : t'interroger sur ton avenir. Progressivement, certains sujets vont prendre de plus en plus d'importance dans ta vie : choix de vie, privés et professionnels, questions de société…

À ma majorité

Dans le langage courant, en France, l'expression « être majeur(e) » est associée à l'âge : elle désigne une personne qui a au moins 18 ans.

- **Pour toi, que signifie « être majeur(e) » ? Quels changements cela implique-t-il dans la vie de la personne ?**

....

....

....

....

....

Culture + ETYMOLOGIE

Le mot « majeur » vient de l'adjectif latin ***major***, qui signifie « **plus grand** ».

Droit ou devoir ?

À 18 ans, on devient citoyen(ne) : cela implique de nouveaux droits et devoirs.

- **Voici une liste de six actions : pour chacune, indique s'il s'agit d'un droit ou d'un devoir, puis explique ta réponse et/ou donne un exemple.**

Culture + ETYMOLOGIE

Le mot « vote » est dérivé du nom latin ***votum*** qui signifie « **vœu** ». Voter, c'est faire des vœux pour l'avenir !

1. **Respecter les lois** ☐ Droit ☐ Devoir
   Ton explication : ....
   ....

2. **S'inscrire sur les listes électorales** ☐ Droit ☐ Devoir
   Ton explication : ....
   ....

3. **Voter** ☐ Droit ☐ Devoir
   Ton explication : ....
   ....

4. **Se présenter aux élections** ☐ Droit ☐ Devoir
   Ton explication : ....
   ....

5. **Passer son permis de conduire** ☐ Droit ☐ Devoir
   Ton explication : ....
   ....

6 **Respecter le code de la route** ☐ Droit ☐ Devoir

Ton explication : ....

....

Mène l'enquête… en images !

- **Choisis le dessin que tu préfères ou que tu comprends le mieux. Observe-le pour répondre aux questions.**

Dessin d'**Emmanuel Chaunu**

Dessin de **Philippe Geluck**

Culture + **LE DESSIN DE PRESSE**

Le dessin de presse est une **illustration**, souvent **humoristique**, qui accompagne un article dans un journal ou un magazine. Son but est de susciter chez le lecteur une **réflexion** ou de transmettre un **message**.

Les personnages — Qui ?

....

....

....

....

....

L'époque — Quand ?

....

....

....

Le lieu — Où ?

....

....

Le message — Quoi ?

– De quoi est-il question dans cette image ? ....

....

– Selon toi, quelle est l'intention du dessinateur à travers ce dessin ? Que souhaite-t-il exprimer ?

....

....

....

....

---

1. **Devoir** : enfreindre une loi expose à des poursuites judiciaires et à des sanctions. 2. **Devoir** : il est obligatoire d'être inscrit(e) dans sa commune. 3. **Droit** : beaucoup se sont battus pour l'obtenir. 4. **Droit** : certaines charges politiques sont cependant accessibles après la majorité. 5. **Droit** : on peut très bien choisir de s'en passer ! 6. **Devoir** : l'enfreindre est très dangereux et expose à des sanctions.

À la découverte... → ... d'un article de presse

- **Récemment, des députés ont proposé d'abaisser l'âge du droit de vote à 16 ans. Prends le temps de lire cet article de presse consacré à ce sujet d'actualité.**

Ouest-France LE DRENCHE Publié le 08/10/2020 à 07h04

Droit de vote : interdit aux moins de 16 ans ?

Une proposition de loi, qui devait arriver demain jeudi 8 octobre au Parlement avant d'être déprogrammée, visait à autoriser le droit de vote à 16 ans. Cette proposition est portée par Paula Forteza et Matthieu Orphelin, ex-députés LREM, et faisant désormais partie du groupe Écologie, Démocratie et Solidarité à l'Assemblée Nationale.

Le droit de vote à 16 ans est un sujet qui revient dans le débat politique depuis plusieurs années. Qui est pour ? Qui est contre ?

Droit de vote et majorité : pourquoi 18 ans ?

En France, le droit de vote est attribué à la majorité civile, fixée à 18 ans. Mais ça ne fut pas toujours le cas ! Sous l'ancien Régime, la majorité était fixée à 14 ans pour les garçons et 12 ans pour les filles, avant de passer en 1579 à 25 ans.

Ce n'est qu'en 1974 que Valéry Giscard d'Estaing fait passer la majorité à 18 ans.

Pendant longtemps, la question de l'abaissement de la majorité électorale à 16 ans a été très peu présente dans le débat politique. Mais les fortes mobilisations des jeunes notamment contre le réchauffement climatique ont montré qu'ils pouvaient se passionner pour les questions politiques. Et on ne parle pas de quelques ados éparpillés : 1,7 million de personnes en plus pourraient s'exprimer dans les urnes [...] Elle figurait dans les programmes électoraux des partis de gauche Europe Écologie Les Verts et de La France Insoumise lors de l'élection présidentielle de 2017.

Cette année, le groupe Écologie Démocratie Solidarité (EDS) avait inscrit cette mesure dans une proposition de loi qui devait être débattue jeudi 8 octobre à l'Assemblée. Devant le refus du gouvernement de cette mesure, la proposition de loi a finalement été déprogrammée, et ne sera donc pas débattue.

Et ailleurs en Europe, à quel âge on vote ?

Plusieurs pays européens ont déjà abaissé leur droit de vote à 16 ans. C'est le cas de l'Autriche depuis 2007, de Malte depuis 2018, et de la Slovénie. En Grèce, c'est 17 ans depuis 2016. Dans certains autres pays, comme en Allemagne, en Écosse ou en Estonie, le droit de vote est fixé à 16 ans uniquement pour certaines élections locales.

Les arguments Pour

Plusieurs arguments viennent en faveur du droit de vote à 16 ans. Dans leur pétition en faveur de cette mesure, les députés EDS indiquent qu'à 16 ans, on peut travailler, obtenir son émancipation, créer ou adhérer à une association, conduire, s'immatriculer à la Sécurité Sociale, choisir son médecin traitant... Les jeunes de 16 ans sont aussi, ne l'oublions pas, responsables pénalement.

Dès lors, il s'agirait simplement d'équilibrer droits et devoirs, et rendre le tout plus cohérent en permettant également le vote dès 16 ans.

Toujours selon ces mêmes députés, ce serait également une manière de lutter contre l'abstention, car plus on vote tôt, plus on vote durablement, avançait Paula Forteza dans une récente interview.

Les arguments Contre

Beaucoup d'opposants à cette réforme jugent cet âge prématuré car les 16-18 ans ne posséderaient pas le bagage culturel et politique nécessaire pour aller voter. C'est ce qu'avance Christian Flavigny, pédopsychiatre à l'hôpital de la Pitié Salpêtrière à Paris, qui estime qu'à cet âge, tous les jeunes ne sont pas prêts psychiquement à prendre place dans la vie publique, même s'ils ont un certain éveil à la politique.

De plus, leur manque de maturité les rendrait influençable. Ils ne seraient pas capables de résister à la pression familiale ou à l'influence de certains partis politiques extrêmes, et constitueraient donc un réel danger pour la démocratie.

Enfin, selon certains opposants, les jeunes eux-mêmes y seraient opposés ! Selon le conseil de la jeunesse d'expression française (CJEF) qui aurait interrogé plus de 1 000 jeunes de 16 à 21 ans, 80 % diraient non merci ! Leurs raisons d'après l'institution belge ? Le manque de maturité et le caractère influençable des jeunes de 16 à 18 ans, leur manque de connaissance et d'intérêt pour la politique.

D'après ledrenche-ouest-france.fr, « Droit de vote : interdit aux moins de 16 ans ? », le 08/10/2020.

Utiliser « on » et « ont »

- **Essaie de repérer tous les mots « ont » et « on » dans cet article (souligne-les ou surligne-les).**

T'arrive-t-il de les confondre ? Voici un mémo pour t'aider à ne plus utiliser l'un à la place de l'autre !

Forme conjuguée du verbe « avoir » (3e pers. plur. au présent) → **ont ≠ on** ← Pronom indéfini (3e pers. sing.)

On peut le remplacer par « avaient ».

On ne peut pas le remplacer par « avaient ».

Exercices interactifs

Mène l'enquête… comme un journaliste !

Voici un nouveau type d'investigation !

- **Repère dans l'article de presse (→ p. 74) les informations qui se rapportent à chaque thématique du tableau. Utilise une couleur pour souligner/surligner chacune.**

Couleurs	Thématiques
	Historique du droit de vote en France : dates clés.
	Acteurs (personnes ou groupes de personnes cités ?).
	Arguments pour le droit de vote à 16 ans.
	Arguments contre le droit de vote à 16 ans.

Pour ou contre ?

- **Et toi, que penses-tu du droit de vote à 16 ans ?**
  ☐ **Tu es pour** ☐ **Tu es contre**
- **Glisse-toi dans la peau d'un journaliste… Le rédacteur en chef d'un journal te charge d'écrire un article d'opinion sur le droit de vote à 16 ans. À toi de défendre ton point de vue !**

Coup de pouce

Pour rédiger ton texte, n'hésite pas à suivre ta **fiche méthode** (→ p. 92-93).

Le conditionnel

- Le conditionnel permet d'exprimer un **souhait**, une **hypothèse** ou une **condition.**
- Pour former le conditionnel présent, c'est très simple : il suffit d'ajouter les **terminaisons de l'imparfait à l'infinitif du verbe** !

Exemple :
je posséder**ais**
tu posséder**ais**
il/elle/on posséder**ait**
nous posséder**ions**
vous posséder**iez**
ils/elles posséder**aient**

Exercices interactifs

DÉFI

- **Entoure (ou souligne) tous les verbes au conditionnel dans l'article de journal (→ p.74).**

2 Mon entrée dans le monde du travail

Plusieurs étapes marquent la fin de l'adolescence et le passage à l'âge adulte : la majorité, l'obtention du permis de conduire, le premier logement, le premier emploi… Faire ses premiers pas dans le monde du travail est souvent une étape capitale du passage à l'âge adulte.

L'âge minimum pour travailler

- **Sais-tu à quel âge il est légalement possible d'être employé(e) en France ?**

  ◯ 14 ans ◯ 16 ans ◯ 18 ans

  En fait, ces trois réponses sont justes !

- **Que penses-tu de ces limites d'âges ?**

  ◯ C'est beaucoup trop tôt !
  ◯ C'est bien comme ça !
  ◯ C'est bien trop tard !

Culture + DROIT

À quel âge peut-on travailler ?

- En France, on peut signer un **contrat de travail** et percevoir une rémunération quand on est **majeur(e)**.
- Toutefois, il est possible d'être employé(e) dès l'âge de **16 ans** avec l'accord d'un responsable légal, voire dès l'âge de **14** ans, sous certaines conditions et avec l'accord de l'inspection du travail.

Un peu d'histoire…

- **Écoute un extrait du poème *Melancholia* de Victor Hugo, publié en 1856 (au début de l'industrialisation). L'écrivain y dénonce les conditions de travail des enfants dans les usines.**

Culture + HISTOIRE

Sais-tu qu'il n'y a pas toujours eu un âge minimum légal pour travailler ?

- **Avant 1882, de nombreux enfants étaient employés**, y compris dans des usines, et ce, dès leur plus jeune âge !
- **En 1882, Jules Ferry** rend l'instruction des enfants obligatoire (de 6 à 13 ans à l'époque).

Audio

hachette-clic.fr/21frbp015

Victor Hugo, « Melancholia » (extrait), *Les Contemplations*, 1856.

- **Quels sentiments et émotions as-tu ressentis pendant cette écoute ?**

☐ La tristesse ☐ L'étonnement ☐ La colère
☐ La surprise ☐ L'ennui ☐ Le dégoût

Autres : ....

- **Essaie maintenant d'exprimer ton ressenti dans un texte.**

Quand j'ai écouté cet extrait de poème, j'ai ressenti .... car ....

Culture + LITTÉRATURE

- **Victor Hugo** était un écrivain **engagé** et un homme politique. Dans ses livres, il **dénonçait les injustices de son époque**, comme le travail des enfants ou encore la peine de mort, qui fut son grand combat.
- Essaie de lire ***Le Dernier Jour d'un condamné***, un récit poignant où il donne la parole à un condamné à mort.

Une limite d'âge ?

- **D'après toi, est-il important que la loi fixe un âge minimum pour travailler ?** ☐ Oui ☐ Non

Pourquoi ? Justifie ta réponse en donnant au moins deux arguments et un exemple pour chacun.

Mène l'enquête… dans un poème !

- **Voici la version écrite de l'extrait du poème écouté (→ p. 76). Lis attentivement ce texte (deux fois, si tu en as besoin).**

Où vont tous ces enfants dont pas un seul ne rit ?
Ces doux êtres pensifs que la fièvre maigrit ?
Ces filles de huit ans qu'on voit cheminer seules ?
Ils s'en vont travailler quinze heures sous des meules[1] ;
Ils vont, de l'aube au soir, faire éternellement
Dans la même prison le même mouvement.
Accroupis sous les dents d'une machine sombre,
Monstre hideux qui mâche on ne sait quoi dans l'ombre,
Innocents dans un bagne[2], anges dans un enfer,
Ils travaillent. Tout est d'airain[3], tout est de fer.
Jamais on ne s'arrête et jamais on ne joue.
Aussi quelle pâleur ! la cendre est sur leur joue.
Il fait à peine jour, ils sont déjà bien las[4].
Ils ne comprennent rien à leur destin, hélas !

Victor Hugo, « Melancholia » (extrait),
Les Contemplations, 1856.

1. meules : machines pour aiguiser des objets en métal ou en pierre.
2. bagne : synonyme de « prison ». 3. airain : synonyme de « bronze » (métal). 4. las : synonyme de « fatigués ».

Culture + POÉSIE

Le poème « Melancholia » est écrit en **alexandrins** : chaque vers (ligne) du poème contient précisément 12 syllabes, ce qui donne du rythme à la lecture, tout comme les rimes en fin de vers.

Culture + POÉSIE

- La **poésie** est un **genre littéraire**. Le mot « poésie » vient du verbe grec **ποιεῖν** (« poiein ») qui signifie « **fabriquer** » ou « **créer** ».
- Le poète est celui qui fabrique, qui crée, qui invente un univers pour exprimer **ses sentiments, ses émotions, ses impressions** ou encore sa **vision du monde**. Pour ce faire, il joue avec les **mots**, les **sonorités** (rimes, rythme…) et utilise divers **procédés d'écriture**, tels que les figures de style (métaphores, comparaisons…).

C'est à toi !

- **Essaie à présent d'analyser ce poème. Il te suffit de cocher les bonnes réponses !**

– **D'après toi, à quoi fait référence l'expression « monstre hideux » (vers 8) ?**

☐ Une grosse machine industrielle ☐ Une créature effrayante

– **Dans ce vers 8, le poète compare deux éléments sans utiliser de mot-outil. Il fait donc :**

☐ une comparaison. ☐ une métaphore.

– **Au vers 9, le poète associe dans une même phrase des mots de sens opposés : « innocents »/« bagne » ou encore « anges »/« enfer ». Ce sont des antithèses pour :**

☐ faire ressortir un contraste. ☐ argumenter.

– **Le poète utilise des répétitions : par exemple, « même » est présent deux fois au vers 6 ; « jamais » est répété deux fois au vers 11. Pourquoi, selon toi ?**

☐ Pour insister sur ces mots ☐ Parce qu'il manque d'inspiration

DÉFI

- **Lis cet extrait de poème à voix haute : respecte bien le type de vers, fais ressortir les rimes et adopte un ton adapté au sujet. Tu peux même t'enregistrer et t'écouter !**

Le cœur ou la raison ?

- **D'après toi, dans l'extrait de « Melancholia » (→ p. 78), Victor Hugo défend-il son point de vue sur le travail des enfants en essayant de persuader ou de convaincre le lecteur ? N'oublie pas de relever des exemples précis dans le poème (types de phrases, vocabulaire, etc.) pour donner du poids à ta réponse !**

Coup de pouce

Avant de répondre, réfléchis bien à la nuance entre « persuader » et « convaincre ». N'hésite pas à utiliser ta boîte à outils, ci-dessous !

D'après moi, Victor Hugo cherche ici à **convaincre** / **persuader** le lecteur (*entoure ta réponse*) car ....

....

....

....

....

....

....

....

Ta boîte à outils

Connaître la différence entre « persuader » et « convaincre »

Deux verbes, deux méthodes : un seul objectif !

- Pour essayer de convaincre l'autre, on fait appel à la **raison**. Pour essayer de persuader l'autre, on fait appel aux **sentiments** et aux **émotions**.
- **Exemple :** Dans un magasin, tu regardes un stylo. Deux vendeurs viennent alors à ta rencontre…

Vendeur n° 1 : *« Achète ce crayon : son encre bleu turquoise te rappellera la couleur de l'eau sur une plage des tropiques ! »*
→ Il fait appel à tes souvenirs (de vacances), à tes **émotions**.

Vendeur n° 2 : *« Il faut acheter ce crayon : son encre dure longtemps et son prix est imbattable ! »*
→ Il fait appel à ta **raison**, à ta **logique**.

Les techniques sont différentes, mais l'objectif est le même : te faire acheter le stylo.

Utiliser « tous » et « tout »

→ Fiche méthode 1, Les homophones, p. 88.

- **Combien de fois ces deux mots apparaissent-ils dans l'extrait du poème ?**

« **tout** » : .... fois « **tous** » : .... fois

T'arrive-t-il de les confondre ? Voici un mémo pour t'aider à ne plus faire l'erreur !
« tous » est le masculin pluriel de « tout », qui peut être adjectif, pronom ou adverbe.

ce qui suit est au **singulier** ! → tout ≠ tous ← ce qui suit est au **pluriel** !

Exercices interactifs

3 Mes attentes professionnelles

« Quel métier ai-je envie d'exercer plus tard ? », « Dans quel domaine ? », « Sous quel statut ? »… Les années de lycée sont une période où l'on commence à se poser sérieusement des questions sur son futur métier. Prends le temps de faire un petit point sur tes attentes professionnelles !

Retour vers le futur !

- **Pour rentrer dans le vif du sujet, réponds spontanément aux questions suivantes en choisissant les propositions qui correspondent à tes envies.**

Ton futur idéal rime avec…

○ célibataire	○ en couple	○ ville	○ campagne
○ enfants	○ sans enfant	○ France	○ étranger
○ voiture	○ à pied / à vélo	○ patron	○ salarié
○ maison	○ appartement	○ petite entreprise	○ grosse entreprise
○ propriétaire	○ locataire		

Au boulot !

- **As-tu déjà une idée précise du métier que tu souhaites exercer ou es-tu encore en cours de réflexion ? Si tu as un projet professionnel, essaie de le décrire ici en exposant tes motivations. Si ce n'est pas encore clair pour toi, tu peux écrire tes interrogations et tes doutes.**

Coup de pouce

Si ton avenir professionnel est encore flou, tu peux expliquer pourquoi :
- hésites-tu entre plusieurs professions ?
- manques-tu d'informations sur certains domaines qui t'intéressent ?
- redoutes-tu le monde du travail ?

Aller plus haut !

- **Connais-tu les Olympiades des métiers ? Il s'agit d'un grand concours international : des jeunes professionnels du monde entier viennent y mesurer leur savoir-faire dans de nombreux métiers. Observe attentivement l'affiche de cet événement.**

Affiche des Olympiades des métiers 2019 de la Région Grand Est.

Cette compétition, qui a lieu tous les deux ans, accueille des professionnels de moins de 23 ans (employés, apprentis, élèves en lycée professionnel…) sélectionnés pour leurs talents. Tous les secteurs économiques y sont représentés : l'alimentation, le bâtiment, l'automobile, le numérique, les services, etc.

- **Quelles sont les couleurs dominantes de cette affiche ? Pourquoi, à ton avis ?**

....

....

....

....

- **Chaque personnage représente un métier : peux-tu les citer ?**

....

....

....

....

....

- **Au centre, une main soulève un personnage au-dessus d'un nuage : que symbolise cette image, selon toi ?**

....

....

....

- **Que penses-tu de cette compétition ? Aimerais-tu y assister ? Si oui, dans quel domaine ?**

....

....

....

....

....

....

....

....

4 Mes ressources pour rebondir

Dans un cheminement personnel ou professionnel, il y a toujours des périodes de satisfaction et des moments de doutes. L'important n'est pas de réussir du premier coup mais d'apprendre de ses expériences et de savoir rebondir… à sa façon !

Quelques années plus tard…

- **Dans la partie 3, tu as corrigé la lettre de Daniel Pennac adressée à sa mère. D'après toi, quel métier Pennac a-t-il exercé des années plus tard ?**

Coup de pouce

- Relis la lettre de Pennac (→ p. 56).
- Liste les matières dans lesquelles le jeune Daniel avait des difficultés.

→ Quel métier te paraît compatible avec ses difficultés scolaires de l'époque : architecte, maçon, boulanger, informaticien, enseignant… ou un autre ?

C'est à toi ! Daniel Pennac est peut-être devenu .... car ....

- **Découvre à présent le passage du livre où Daniel Pennac évoque une autre lettre, qu'il a reçue dix ans plus tard…**

Audio — Daniel Pennac, *Chagrin d'école*. hachette-clic.fr/21frbp016

« Lettre au fils *devenu*… »

Dix ans plus tard, le 30 septembre 1969, je recevais une lettre de mon père, adressée au collège où j'exerçais depuis un mois le métier de professeur. C'était mon premier poste et c'était sa première lettre au fils *devenu*. Il sortait de l'hôpital, il me disait les douceurs de la convalescence, ses lentes promenades avec notre chien, me donnait des nouvelles de la famille […] et m'embrassait en m'assurant de sa bonne forme.

Pas plus qu'il ne m'avait menacé d'un avenir calamiteux[1] pendant ma scolarité, il ne faisait la moindre allusion à mon passé de cancre[2]. Sur la plupart des sujets son ton était comme à l'habitude pudiquement ironique, et il ne semblait pas considérer que mon nouvel état de professeur méritât qu'on s'en étonne, qu'on m'en félicite, ou qu'on s'en inquiète pour mes élèves.

Bref, mon père tel qu'en lui-même, ironiste[3] et sage, désireux de bavarder avec moi, à distance respectable, de la vie qui se continuait.

J'ai l'enveloppe de cette lettre sous les yeux.

Aujourd'hui seulement un détail me frappe.

Il ne s'était pas contenté d'écrire mon nom, le nom du collège, celui de la rue et de la ville…

Il y avait ajouté la mention : *professeur*.

Daniel Pennac, *Chagrin d'école*, Gallimard, 2007.

1. **calamiteux** : catastrophique ; 2. **cancre** : élève en échec scolaire ; 3. **ironiste** : qui fait preuve d'ironie, qui se moque.

- **Es-tu surpris(e) de ce qu'est devenu Daniel ? Pourquoi ?** ....

Un message d'espoir

Le texte de Daniel Pennac est porteur d'espoir : il prouve que des difficultés scolaires ne présument pas de difficultés futures. L'avenir n'est pas une fatalité : alors qu'il se croyait mauvais élève, Pennac est devenu professeur de français et écrivain !

- **Selon toi, qu'est-ce qui peut aider un élève à trouver sa voie lorsqu'il se sent en difficulté ?**

Coup de pouce

Pense aux personnes de ton entourage (dans la famille, au lycée…), à tes centres d'intérêt, aux outils et méthodes que tu utilises quand tu rencontres des difficultés, etc.

Utiliser « ou » et « où »

→ Fiche méthode 1, Les homophones, p. 88.

- **Combien de fois ces deux mots apparaissent-ils dans cette lettre ?**

« ou » : .... fois « où » : .... fois

T'arrive-t-il d'utiliser l'un à la place de l'autre ? Voici un mémo pour t'aider à ne plus les confondre !

Conjonction de coordination (idée de choix) → ou ≠ où ← Pronom ou adverbe interrogatif (idée de lieu)

On peut le remplacer par « ou bien ».

On ne peut pas le remplacer par « ou bien ».

Exercices interactifs

DÉFI

- **Essaie de compléter les questions suivantes avec « ou » et « où ».**

.... te vois-tu dans dix ans ?

Est-ce clair .... confus dans ton esprit ?

Où te vois-tu dans dix ans ? Est-ce clair ou confus dans ton esprit ?

Culture + PERSONNES CÉLÈBRES

Savais-tu que de nombreuses personnalités qui avaient des difficultés à l'école ont eu un avenir brillant ? C'est le cas du peintre Pablo Picasso, du cinéaste Steven Spielberg, de l'écrivain Gustave Flaubert ou encore de la créatrice d'Harry Potter, J. K. Rowling !

5 Mes rêves pour l'avenir

Tout au long de ce carnet, tu as pris le temps de réfléchir à la personne que tu es actuellement et à l'adulte que tu deviens. Petit à petit, tes envies, tes aspirations pour ton avenir se précisent. Aujourd'hui, lorsque tu imagines ton futur, que vois-tu ?

La vie devant soi

- **Comment perçois-tu ta vie actuelle ? Quelle vie rêves-tu/souhaites-tu pour l'avenir ? Prends le temps de t'interroger sur ces questions.**

ÉTAPE 1 Ta vie aujourd'hui

- Quel âge as-tu ? ....
- En quelle classe es-tu ? ....
- Que voudrais-tu garder de ta vie actuelle pour l'avenir ? ....

....

....

- Que souhaiterais-tu changer ou faire évoluer ? ....

....

....

ÉTAPE 2 Zoom sur l'avenir

- **Ferme les yeux pendant quelques minutes et pense à l'avenir : laisse ton esprit vagabonder aussi longtemps que nécessaire… Quand l'image devient claire, ouvre les yeux : Où étais-tu ? Avec qui ? Que faisais-tu ?**

....

....

....

....

....

....

....

....

....

....

....

....

....

....

ÉTAPE 3 Ta vie demain

- **Tu peux aller plus loin dans ton exploration : décris ta vie future sur les plans personnel et professionnel. N'hésite pas à relire tes réponses au test** → p. 70 **!**

Coup de pouce

- Commence par l'aspect personnel et poursuis avec l'aspect professionnel.
- N'oublie pas d'utiliser le futur dans ton texte (→ p. 47 pour les terminaisons).

Trouver l'équilibre

Pas toujours facile de trouver le bon équilibre entre la vie privée et la vie professionnelle ! Certains choisissent de privilégier leur travail, d'autres ne veulent surtout pas sacrifier leur vie personnelle…

- **Et toi, si tu devais te donner un conseil sur tes priorités pour le futur, ce serait lequel ? Pourquoi ?**

Rendez-vous dans dix ans ?

As-tu déjà entendu la chanson « Place des grands hommes », de P. Bruel ? Elle raconte les retrouvailles d'une bande d'ami(e)s : chacun a suivi son propre parcours…

« T'as pas changé, qu'est-ce que tu deviens ?
Tu t'es mariée, t'as trois gamins
T'as réussi, tu fais médecin ?
Et toi Pascale, tu t'marres toujours pour rien ? »

6 Lettre à celui/celle que je serai dans dix ans

Dans la première partie de ce carnet, tu as rédigé une lettre à ton « moi dans un an » (→ p. 28). Tu peux la relire si tu le souhaites. Que dirais-tu à présent de renouveler l'expérience mais en te projetant beaucoup plus loin dans le temps ?

- **Dans cette lettre, tu vas t'adresser au « moi » que tu seras ou espères être dans dix ans. Ne te mets aucune limite : écris en toute spontanéité, laisse s'exprimer tes pensées et ton ressenti.**

....

....

....

....

....

....

....

....

....

....

....

....

....

....

....

....

....

....

....

....

DÉFI

Voici un challenge de taille !

- Recopie cette lettre sur une feuille, glisse-la dans une enveloppe et **envoie-la à ton adresse actuelle.**
- Quand tu la recevras, **ne l'ouvre pas !** Écris en gros sur l'enveloppe : À OUVRIR EN suivi de l'année à laquelle tu l'ouvriras (si tu l'écris en 2021, tu écriras 2031).
- Conserve-la précieusement **jusqu'à la date prévue.** Émotions garanties à l'ouverture…

JE FAIS LE POINT

Quiz

QCM interactif — Flash Card

Et voilà : c'est déjà le dernier quiz de ce carnet ! Que de chemin parcouru depuis le début, et quelle progression !

Tu mets le point final ?

1 En 2021, à quel âge a-t-on le droit de voter en France ?

□ 16 ans ◇ 18 ans ○ 68 ans

2 Le mot « vote » vient d'un mot latin. Lequel ?

□ *Vocare* qui signifie « appeler ».
○ *Vitulus* qui signifie « veau ».
◇ *Votum* qui signifie « vœu ».

3 Quel est le but d'un dessin de presse ?

○ Remplir les espaces vides sur les pages du journal.
□ Faire rire le lecteur.
◇ Faire passer un message au lecteur.

4 Le conditionnel est le mode utilisé pour exprimer :

□ une condition uniquement.
◇ une hypothèse, une possibilité, une condition ou tout autre action qui pourrait avoir lieu.
○ une obligation.

5 « Les Olympiades des métiers » sont :

□ une compétition entre jeunes.
○ les divinités du mont Olympe.
◇ un concours international des métiers.

6 Qui était Victor Hugo ?

□ Un poète français.
○ Le créateur du parfum Hugo Boss.
◇ Un homme politique et un écrivain français.

7 Qu'est-ce qu'un alexandrin ?

□ Une ligne dans un poème.
○ Un habitant de la ville d'Alexandrie.
◇ Un vers qui contient 12 syllabes.

8 Pour persuader quelqu'un, je dois faire appel à :

□ sa réflexion.
◇ ses sentiments et émotions.
○ ma force.

9 Quelle était la profession de Daniel Pennac ?

□ Professeur des écoles.
◇ Professeur de français en collège.
○ Gardien de prison.

10 Quel célèbre peintre était considéré comme un cancre pendant sa jeunesse ?

□ Gustave Flaubert.
◇ Pablo Picasso.
○ Pablo Escobar.

Tu as une majorité de…

◆ ***Bravo :*** tu as énormément progressé !

■ ***Super :*** tu as déjà beaucoup appris. N'hésite pas à relire cette quatrième partie si tu en ressens le besoin et/ou l'envie !

● ***Oups :*** aurais-tu lu ce carnet à l'envers ?!

Quel que soit ton score, dis-toi que si tu es arrivé(e) jusqu'ici, tu as forcément évolué… à ton rythme et à ta façon ! C'est l'essentiel !

Mes fiches méthodes 1

Les homophones grammaticaux

Il existe de nombreux homophones en français : de quoi y perdre son latin ! Au fil des pages de ton carnet, tu as revu quelques homophones grammaticaux courants. Mais sais-tu d'où vient le mot « homophone » ?

Il est formé à partir de deux mots grecs : **ὁμός** (**homo-**), qui signifie « **même** », et **φωνή** (**-phone**), qui veut dire « **son** ». Ce terme désigne donc les **mots qui se prononcent de la même façon mais dont l'écriture n'est pas la même** et dont la **classe grammaticale est différente**.

Voici un mémo visuel pour te rappeler comment distinguer douze homophones très fréquents à l'écrit et devenir incollable en orthographe. N'hésite pas à l'utiliser pour relire tes productions écrites !

ET **conjonction de coordination** * On ne peut pas le remplacer par « était ». → *Elle et lui.*	**EST** **verbe « être » au présent (3e pers. sing.)** * On peut le remplacer par « était ». → *Il est grand.*
À **préposition** * On ne peut pas le remplacer par « avait ». → *Je vais à l'école.*	**A** **verbe « avoir » au présent (3e pers. sing.)** * On peut le remplacer par « avait ». → *Elle a un vélo.*
ON **pronom personnel (3e pers. sing.)** * On ne peut pas le remplacer par « avaient ». → *On arrive !*	**ONT** **verbe « avoir » au présent (3e pers. plur.)** * On peut le remplacer par « avaient ». → *Ils ont faim.*
SON (+ nom) **déterminant possessif (3e pers. masc. sing.)** * On ne peut pas le remplacer par « étaient ». → *Son cahier.*	**SONT** **verbe « être » au présent (3e pers. plur.)** * On peut le remplacer par « étaient ». → *Elles sont là.*
SA (+ nom) **déterminant possessif (3e pers. fém. sing.)** * On ne peut pas le remplacer par « cela ». → *Sa chambre.*	**ÇA** **pronom démonstratif (contracté)** * On peut le remplacer par « cela ». → *J'adore ça !*

SE (+ verbe) **pronom réfléchi (3e pers. sing.)** * On peut le remplacer par « me ». → *Elle se regarde.*	**CE (+ nom)** **déterminant démonstratif (sing.)** * On ne peut pas le remplacer par « me ». → *Ce film.*
SES (+ nom) **déterminant possessif (3e pers. plur.)** * On peut le remplacer par « mes ». → *Ses livres.*	**CES (+ nom)** **déterminant démonstratif (plur.)** * On ne peut pas le remplacer par « mes ». → *Ces musiques-là.*
S'EST (+ participe passé) **pronom + verbe « être »** * On ne peut pas le remplacer par « cela est ». → *Il s'est amusé.*	**C'EST** **contraction de « cela est »** * On peut le remplacer par « cela est ». → *C'est amusant !*
OU **conjonction de coordination** * On peut le remplacer par « ou bien ». → *Du bleu ou du rouge.*	**OÙ** **adverbe de lieu** * On ne peut pas le remplacer par « ou bien ». → *Où vas-tu ?*
LA **article défini / pronom personnel** * On ne peut pas le remplacer par « ici ». → *Je la regarde.*	**LÀ** **adverbe de lieu** * On peut le remplacer par « ici ». → *Je suis là !*
SANS **préposition** * On peut le remplacer par « sans aucun ». → *Il réussit sans problème.*	**S'EN** **pronom réfléchi + en** * On ne peut pas le remplacer par « sans aucun ». → *Elle s'en va.*
MAIS **conjonction de coordination** * On ne peut pas le remplacer par « tes ». → *Petit mais costaud !*	**MES** **déterminant possessif (1re pers. plur.)** * On peut le remplacer par « tes ». → *Mes parents.*

Les valeurs des temps de l'indicatif

IMPARFAIT

2nd plan
Il écoutait le cours quand la sonnerie retentit.

description
L'atelier était petit.

habitude
Il faisait du sport chaque mercredi.

PASSÉ COMPOSÉ

Elle s'est levée et est partie au collège.

action unique

Elle se leva et partit au collège.

PASSÉ SIMPLE

1er plan
Il écoutait le cours quand la sonnerie retentit.

action terminée et délimitée dans le temps
Il passa son bac en juin.

habitude
Je mange au self chaque midi.

Les temps de l'indicatif sont les temps que tu utilises le plus souvent, à l'oral comme à l'écrit. Bien maîtriser leurs conjugaisons et savoir quand les utiliser t'évitera de faire des erreurs.

Voici une carte mentale pour retenir les valeurs des cinq temps de l'indicatif qui te seront les plus utiles.

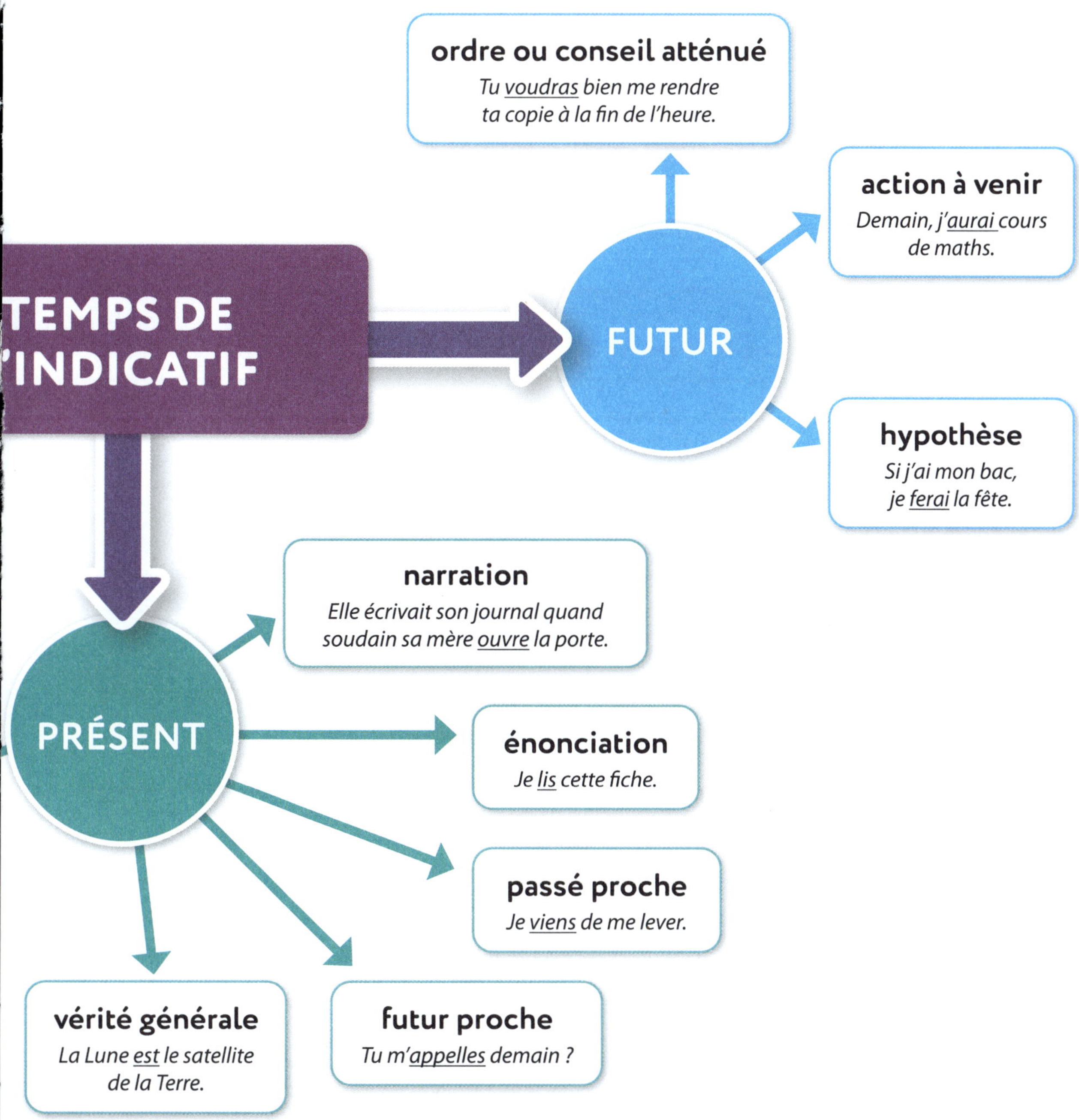

Méthodologie de l'argumentation

Dans plusieurs activités de ce carnet, tu as pu t'entraîner à argumenter, c'est-à-dire à fournir des arguments pour expliquer ou justifier ton avis sur un sujet. Pour rédiger un texte argumentatif clair et structuré, il est préférable de suivre une démarche précise.

Voici un schéma qui te permettra de mettre en avant tes idées et de convaincre tes lecteurs !

Le brouillon

C'est l'étape la plus importante : tu recherches la matière de ton argumentation et tu organises tes idées.

Trouver la matière et organiser les idées

1. Cherche tes **arguments** (les preuves/les justifications qui appuient ton avis).
2. Pour chaque argument, trouve un **exemple**.
3. **Organise** tes idées : **numérote**-les de la plus simple à la plus complexe, de la moins importante à la plus importante.

L'introduction

C'est la première impression que tu donnes à la personne qui te lit : prends le temps de la structurer efficacement.

Les 3 étapes (3 paragraphes) pour construire ton introduction :

1. Le **thème** : présente le **sujet sur lequel on t'interroge**.
2. La **problématique** : (ré)écris la **question qu'on te pose**.
3. L'**organisation** : **indique** les parties que tu as choisies, les **grandes idées** que tu vas développer.

Les paragraphes

Développe 2 ou 3 paragraphes.

N'oublie pas !

- **1 idée + 1 argument + 1 exemple = 1 paragraphe**.
- Chaque annonce d'une idée débute par un **connecteur** logique (→ **texte de la bulle p. 93**).

La conclusion

Elle vient clore le développement de tes idées.

Les 2 étapes (2 phrases courtes) pour rédiger ta conclusion :

1. **La réponse à la problématique** : reprends la question posée en proposant une phrase de bilan.
2. **Ton avis :** donne ton avis sur la question et/ou propose une autre question que cela pose.

Dans un texte argumentatif, il est essentiel de connecter ses idées de façon logique. Les connecteurs logiques sont des mots qui créent du lien entre les différentes parties d'une phrase ou d'un texte : ils sont très importants pour organiser ses idées et ils contribuent à la clarté des propos.

Voici une méthode pour présenter efficacement tes idées.

Il existe **plusieurs types de connecteurs logiques** : les conjonctions de coordination ou encore les adverbes ou locutions : *« d'abord », « ensuite », « de plus », « encore », « cependant », « néanmoins », « en outre », « par exemple »* …

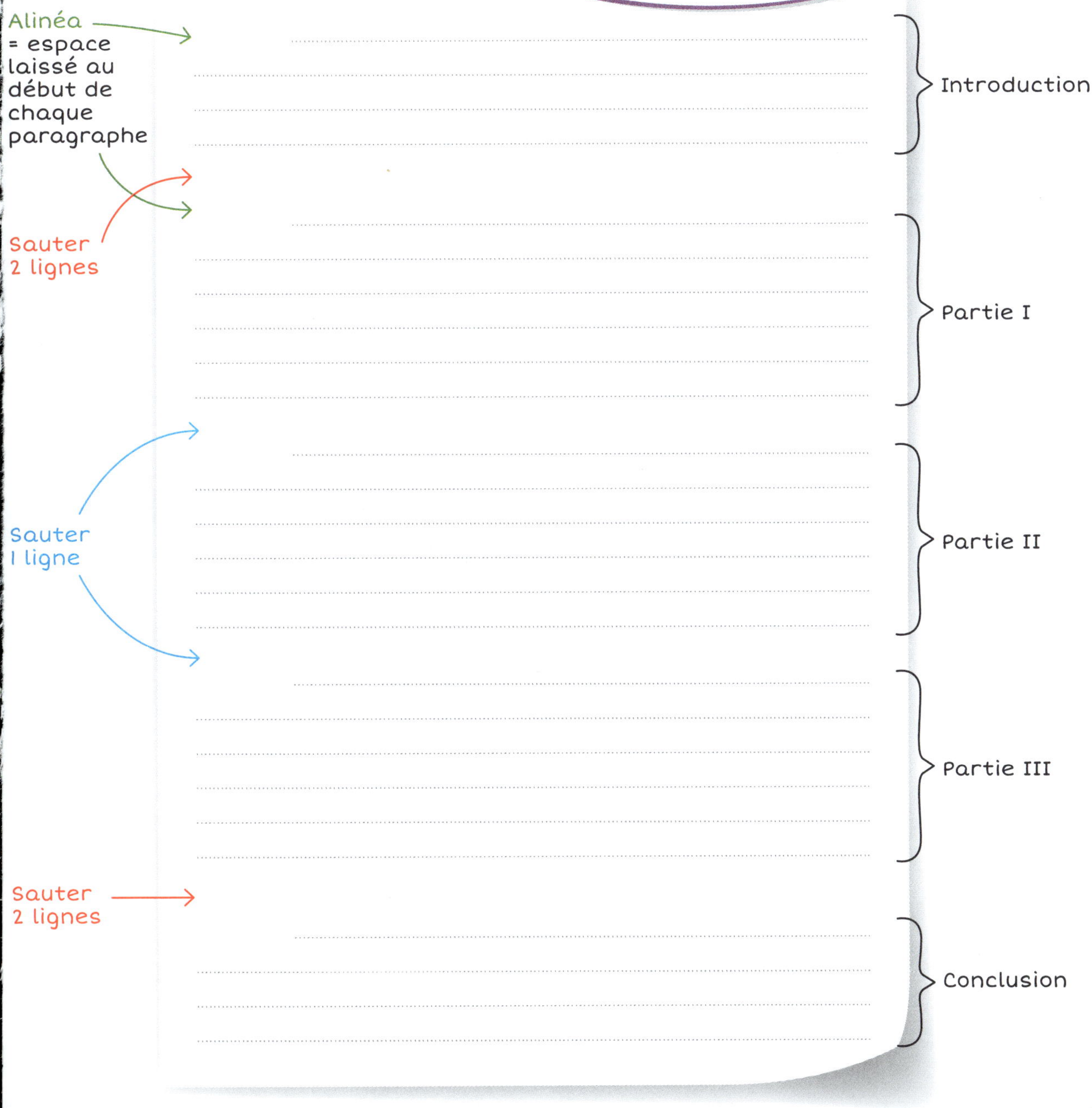

À toi qui viens de terminer ce carnet,

Tout d'abord, un grand bravo ! Bravo d'être allé(e) au bout, d'avoir eu le courage d'oser, de sortir de ta zone de confort et de dépasser tes propres limites !

Nous espérons que la fierté est au rendez-vous : il y a de quoi !

Au fil des pages de cet ouvrage, **tu as progressé** : tu as affiné ta compréhension écrite, développé ton esprit critique, renforcé ta capacité à exprimer une opinion et à argumenter… Tu as acquis **des connaissances et des compétences** considérables, tout en laissant s'exprimer ta créativité et ta singularité.

Tu as également réalisé **un travail sur toi**, sur ton identité, sur ton rapport aux autres, à l'école et au monde qui t'entoure.

Avant de te quitter, nous tenions à t'encourager pour la suite : continue de croire en tes rêves et aie confiance en toi ! L'écrivain Oscar Wilde disait « Soyez vous-même car les autres sont déjà pris » : ne te compare pas aux autres, **avance à ton rythme**, au fil de tes rencontres et de tes expériences… Applique-toi juste à être la meilleure version de toi-même.

Nous te souhaitons de belles années d'apprentissages puis une insertion douce et réussie dans le monde du travail.

Avec toute notre sympathie
et nos chaleureux encouragements,

Sophie
& Charlotte

Crédits photographiques

Couverture : iStock, L. Kramer ; **6g :** Vadym Drobot/Alamy/Photo12 ; **6d :** Haut et Court/The Kobal Collection/Aurimages **8 :** Luciano Pedicini/La Collection ; **9 :** AKG-Images ; **11 :** © Editions Nathan ; **14 :** DR/© Adagp, Paris 2021 ; **17 :** Proksima/Istock ; **19 :** AGIP/Bridgeman Images ; **30 :** Prod DB © Gaumont/DR ; **31 :** Quad Productions/The Kobal Collection/Aurimages ; **34 :** Collection ChristopheL © Bonne pioche/Rezo Productions Photo Jean Claude Lother ; **35 :** © Editions de Fallois ; **36 :** Digital image, The Museum of Modern Art, New York/Scala, Florence/© 2021 Banco de México Diego Rivera Frida Kahlo Museums Trust, Mexico, D.F./Adagp, Paris ; **40 :** Vadym Drobot/Alamy/Photo12 ; **44h :** Roissy Films/Allstar Picture Library Ltd/Alamy/Photo12 ; **44b :** Raymond Prunin/Gamma-Rapho ; **47 :** Colette Masson/Roger-Viollet ; **48 :** Bluebear2/CC BY-SA 3.0 ; **52 :** Bildarchiv Steffens/AKG-Images ; **53 :** Haut et Court/The Kobal Collection/Aurimages ; **57 :** Wingz ; **64 :** Fabcaro, Erre © Dupuis, 2021 ; **70 :** Eric Feferberg/AFP ; **71 :** Idhir Baha/Hans Lucas/Hans Lucas via AFP ; **73g :** Chaunu ; **73d :** Philippe Geluck ; **76 :** Selva/Leemage ; **81 :** Région Grand Est ; **85 :** Proksima/Istock

Achevé d'imprimer en août 2022 en Pologne
par Dimograf
Dépôt légal : Mars 2021
Édition 02
1732559